职业院校双元制教学用书
汽车机电工职业培训教材

学习领域8——
动力传动系统的检修与维护

主　编　　占百春
副主编　　彭善涛

電子工業出版社
Publishing House of Electronics Industry
北京·BEIJING

内 容 简 介

本书是中等职业学校汽车运用与维修、汽车美容与装潢和汽车营销等汽车后市场专业的专门化试点教材，主要讲述汽车动力传动系统的基本理论、基本技能及检测设备的使用方法。为丰富教学内容，提高教学效果，本书参照德国“双元制”学习领域课程体系的标准，以实施行动导向教学方法、完成工作页的形式贯穿全书。本书既可作为中等职业学校汽车运用与维修、汽车美容与装潢和汽车营销等专业的教材，也可作为广大汽车加装或改装爱好者的阅读材料。

图书在版编目（CIP）数据

动力传动系统的检修与维护／占百春主编. —北京：电子工业出版社，2011.7
职业院校双元制教学用书. 汽车机电工职业培训教材. 学习领域8
ISBN 978-7-121-14023-5

Ⅰ.①动… Ⅱ.①占… Ⅲ.①汽车—传动系—故障诊断—中等专业学校—教材 ②汽车—传动系—车辆修理—中等专业学校—教材 Ⅳ.①U472.41

中国版本图书馆CIP数据核字（2011）第132428号

策划编辑：杨宏利　　yhl@phei.com.cn
责任编辑：徐　萍
印　　刷：北京宏伟双华印刷有限公司
装　　订：北京宏伟双华印刷有限公司
出版发行：电子工业出版社
　　　　　北京市海淀区万寿路173信箱　邮编　100036
开　　本：787×1 092　1/16　印张：8　字数：205千字
版　　次：2011年7月第1版
印　　次：2016年2月第2次印刷
定　　价：19.00元

凡所购买电子工业出版社图书有缺损问题，请向购买书店调换。若书店售缺，请与本社发行部联系，联系及邮购电话：（010）88254888。
质量投诉请发邮件至 zlts@phei.com.cn，盗版侵权举报请发邮件至 dbqq@phei.com.cn。
服务热线：（010）88258888。

丛书编委会

序

世界上闻名遐迩、独具特色的德国“双元制”职业教育模式，被誉为德国经济腾飞的秘密武器。这一模式的最大特征，是学校和企业合作办学、知识学习与职业实践紧密结合。多年以来，“双元制”成为世界各国争相学习和借鉴的样板。

中国改革开放伊始，就与德国开展了职业教育合作。时至今日，已成功走过 30 年。还是在 1990 年，中国建设行业的职业院校，就在教育部和职业技术教育中心研究所的大力支持和指导下，与汉斯·赛德尔基金会等德国有关机构合作，开始在建设行业进行职业教育改革实验。在我国，城市交通和出租车、汽车租赁行业曾由建设部主管。1996 年，全国公交公司系统所属技工学校，在赛会职业教育专家弗乐尔（Albrecht Flor）先生的具体指导下，开展了汽车维修专业的教学改革试点。

任何一类教育的人才培养方案，其核心都是课程。课程是职业教育作为一种教育类型的最本质体现。要提高教学质量，职业教育的教学改革必须首先进行课程改革。20 世纪 80 年代末、90 年代初，随着科学技术的飞速发展，生产工艺的改进，德国于 1996 年在职业教育领域着手进行工作过程导向的“学习领域”的课程改革。这是一种以个体在企业里的工作过程为主线，以学生在实际工作过程中制订计划、采取行动并能最终对行动结果进行评价的能力培养为目标，在教学过程中实现实践教学与理论教学的一体化，并把技能与知识及价值观的教育紧密结合在一起的课程方案。基于工作过程的“学习领域”课程取代了传统的分科课程，创立了真正体现职业教育特有的职业属性的课程模式。2003 年 5 月 16 日，按照这一改革思想，德国各州文教部长联席会议颁布了新一轮基于学习领域设计的“汽车机电一体化工教学大纲（草案）”。2004 年，几乎与德国同步，中国建设教育协会就在赛会长期专家弗乐尔（Albrecht Flor）、施罗德 (Carlito Schroeder) 和短期专家戴因伯克 (August Deinböck)、克勒贝尔（Sven-Olaav Kleber）和布伦贝格（Bremberger）的指导下，组织全国 8 所汽车类职业院校，与德国同类职业学校合作，开展“汽车机电一体化工”专业的改革试点。试点院校借鉴德国经验，强化校企合作办学，每所试点院校都与 10 家以上的企业建立了紧密的合作关系，一些院校的合作企业甚至达到 30 多家。

5 年教改实验的成果表明，学生在专业教学、实践教学和企业顶岗培训的过程中，既掌握了相关专业技能和专业知识，又在社会能力和方法能力的培养上卓有成效，综合素质大大提高。2007 年到 2009 年，10 所试点院校近 1 000 名毕业生，不仅参加了我国劳动部门的职业资格考试，而且也参加了德国工商行会海外部上海代表处（AHK in Shanghai）组织的考试，80% 以上的考生取得了我国劳动部门的职业资格证书以及德国行业协会认可的职业资格证书，走上了工作岗位，受到企业界的普遍欢迎。

学习领域课程方案所指的工作过程，是一个能覆盖职业资格、工作任务和职业活动的系统。它以工作过程作为职业教育课程开发的主线，突显了职业教育的职业性、实践性与开放性的特点。这是因为：其一，工作过程是一个清晰的结构，任何一个具体的工作过程，都有着明晰的步骤、环节、程序，具有可操作的“抓手”；其二，工作过程是一个动态的结构，同一个职业的不同时段或同一个时段的不同职业，其工作过程是不同的。特别是，工作过程不仅是具体的，形而下的；而且又是抽象的，形而上的。因为，任何一个人，在完成任何一个具体的工作任务之中，尽管具体的工作过程大相径庭，但其思维过程的完整性却是一致的。由此，从变化的具体的工作过程之中寻求相对不变的“思维的工作过程”，由具体获得一般，实现能力的内化，进而应对新的具体的工作过程，实现能力的迁移。这就从逻辑的、方法论的角度，解决了一个关于职业教育课程结构相对的“静”与职业变化绝对的“动”两者之间的矛盾。由此，我们可以推论：一个职业之所以成为一个职业，是因为其具有特殊的工作过程。这一逻辑推理的结果表明，以工作过程作为课程内容序化的依据，突破了职业教育课程开发的瓶颈。

显见，在中德职业教育合作 30 年的进程中，只有善于把握“双元制”职业教育模式中所蕴涵的“魂”，并将其本土化，才能取得成效，才是合作的应有之义。这套中德合作编写的“汽车机电工职业培训”教材，是在中德双方专家的共同指导下，对那些辛勤工作在职业教育改革一线教师编制的工作页及其教学实践经验予以总结、加工和概括的结果。我们相信，这套教材对提高汽车行业一线技能型人才的技能和专业水平，对汽车行业的职业教育改革，将会起到积极的推动作用。

2011 年 1 月 27 日

前　言

中国的职业教育正处在前所未有的发展时期，招生规模日益扩张、就业竞争渐趋激烈，对职业教育的教学质量提出了新的挑战。就汽车维修职业而言，如何真正实现“以能力为本位”的教学目的，为汽车维修行业输送适用的技能型人才，是摆在所有汽车维修职业学校面前的严峻命题。

本教材在组织编写过程中，认真总结了职业学校汽车专业的实际教学情况，注意吸收利用发达国家的理念和经验，形成了一定的特色：

（1）专业的培养目标和基本思想。以行业技术岗位及其能力要求为核心，确定专业知识和能力培养目标，对实际现场操作能力要求达到中级技术工人水平，系统知识方面可以达到较高的汽车维修技师水平，为毕业生在毕业后能顺利成长的汽车工程师奠定良好的发展基础。

（2）以项目教学为导向。编写中设有工作任务，工作任务与企业生产能力目标接轨，符合企业对员工的能力要求。在多数工作任务中设有操作步骤和考核评价，具有指导性和可操作性。

（3）在内容的选择上注重以实际案例为核心。围绕汽车后市场职业岗位对人才结构的需求，力求能力和职业资格标准衔接，并较多地体现了新方法、新材料、新形式、新思维的内容。

（4）打破了传统教材的章节体制，以实践工作任务为引领、专项知识和技能培养为目标，体现学中做、做中学的培养过程。

（5）以学生为中心，认真分析职业学校学生的特点，采取图文并茂的形式，激发学生的学习乐趣，增强可读性和感知性。

本教材由占百春主编，彭善涛老师任副主编，徐兴振同志参与编写任务 2、任务 8 和任务 12。

本书在编写过程中得到了众多专家的指导，在这里表示诚挚的感谢。

限于编者经验和水平，书中内容难以覆盖各种实际情况，难免出现疏漏和不足之处，恳请专家和同仁及时提出修改意见和建议。

编　者

目　　录

工作任务 1

了解手动动力传动系统

导 向

基础知识——传动系的基本功能与组成

传动系的基本功能是将发动机发出的动力传递给驱动轮，使汽车正常行驶。

常见的机械式传动系的基本组成如图 1-1 所示，主要由离合器、变速器、传动轴、驱动桥、主减速器、差速器、半轴组成。

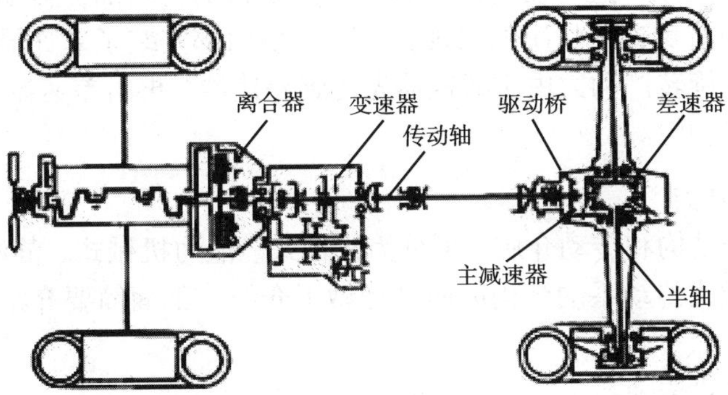

图1-1　汽车机械传动系基本组成

1. 传动系的功能

(1) 降速、增矩

汽车的起步与驱动，要求作用在驱动轮上的驱动力足以克服各种外界的阻力，如地面对车轮的滚动阻力、空气对车身的阻力等。汽车发动机发出的转矩若直接给车轮，所得到的驱动力很小，不足以驱动汽车运动；另一方面，发动机的转速较高，一般在每分钟数千转，这一转数直接传到驱动轮上，汽车将达到几百千米的时速，这样高的车速既不实用，也不可能。

因此，要求传动系应具有降速、增矩的作用，使驱动轮的转速降低到发动机转速的若干分之一，相应地使驱动轮的转矩增大到发动机转矩的若干倍。一般把驱动轮得到的转矩与发动机的输出转矩之比（或发动机转速与驱动轮转速之比）称为传动系的传动比。

汽车在使用过程中，其使用条件要求车速和驱动力在很大范围内不断变化，而发动机的有利转速范围很窄，为了使发动机能保持在有利转速范围内工作，而驱动力和转速又可以在足够大的范围内变化，应当使传动系的传动比能在最大值与最小值之间变化，即传动系应有变速的作用。因此在传动系中设置了主减速器和变速器以满足上述要求。

（2）实现汽车倒驶

汽车除了前进外，在某些情况下还需要倒向行驶，而发动机一般是不能反向转动的，这就要求传动系能够改变驱动轮的转动方向，以实现汽车的倒向行驶，因此在变速器中设置一个倒挡。

（3）中断动力传递

发动机启动后，汽车行进中换挡以及对汽车进行制动时，要暂时切断动力的传递路线，为满足此要求，在发动机与变速器之间设置一个可由驾驶员控制分离或结合的机构，称为离合器。另外在变速器中设置空挡，即各挡位齿轮都处于非传动状态，满足汽车在发动机不停止转动时能较长时间中断动力的传递。

（4）差速作用

汽车在转弯行驶时，左、右驱动车轮在同一时间内滚动的距离不同，如果两侧的驱动轮用一根刚性轴驱动，则两轮转动的角速度必然相同，因而在汽车转弯时必然产生车轮相对地面滑动的现象，这将使转向困难，汽车动力消耗增加，传动系内部某些零件和轮胎磨损加剧。为避免这些情况的出现，在驱动桥内部安装了差速器，使左、右驱动车轮以不同的角速度旋转。动力由主减速器先传到差速器，再由差速器分配给左、右半轴，最后传到左、右驱动轮。

2．传动系的分类

汽车传动系按结构和传动介质，可分为机械式、液力机械式、静液式（容积液压式）和电力式等。机械式传动系的结构前面已经做了介绍，下面简要介绍其他三种类型传动系的特点。

（1）液力机械式传动系

液力机械式传动系的特点是将液力传动与机械传动有机地组合起来。液力传动以液体为传动介质，利用液体在主动组件和从动组件之间的循环流动过程中动能的变化来传递动力。液力传动装置有液力变矩器和液力耦合器两种，一般采用由液力变矩器串联一个有级式机械变速器组成的液力机械式变速器取代机械式传动系中的离合器和变速器。这种传动系能根据道路阻力的变化，自动地在若干个车速范围内分别实现无级变速，而且其中的有级式机械变速器还可以实现自动或半自动操纵，但结构较复杂、造价较高、机械效率低。因此，目前除了在高级轿车和重型载货汽车上采用较多以外，中级以下轿车和一般载货汽车采用较少。

（2）静液式传动系

静液式传动系又称容积式液压传动系，如图 1-2 所示。它是通过液体传递介质静压力能的变化来传递动力的，主要由发动机驱动的液压油泵 7、液压马达 2 和液压自动控制装置 6 等组成。发动机输出的动力（机械能）通过液压油泵转换成液压能，然后由液压马达重新转换为机械能，驱动车轮转动。在图示方案中，只用一个液压马达 2 将动力传递给主减速器，再经差速器和半轴传到驱动轮。还有一种方案是在每个驱动轮上都装有一个液压马达，这样可以去掉主减速器、差速器和半轴等传动部件。这种传动系的机械效率低，造价高，使用寿命和可靠性不够理想。

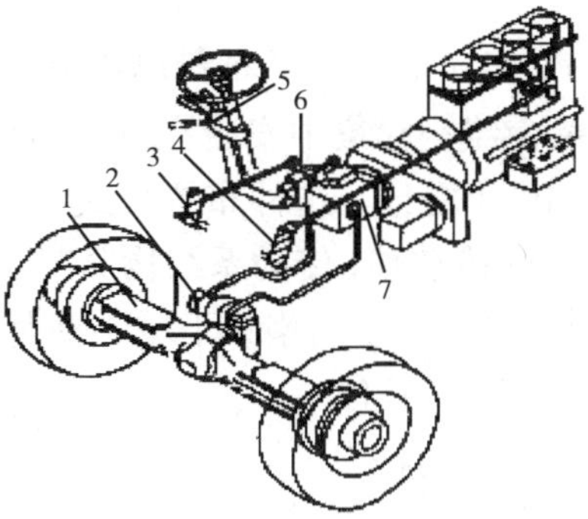

1—发动机；
2—液压马达（与主减速器相连）；
3—制动踏板；
4—加速踏板；
5—变速器操纵杆；
6—液压自动控制装置；
7—液压油泵

图1-2　静液式传动系

（3）电力式传动系

电力式传动系如图 1-3 所示，其组成和布置与静液式传动系类似，主动部件是由发动机 1 驱动的发电机 2，从动部件是电动机 5。电动机发出的动力经传动轴、主减速器传到驱动轮；也可以在每个驱动轮上单独安装电动机，这个电动机发出的动力也要经过一套减速机构才能传给驱动轮，目的是降速、增矩，这套减速机构称为轮边减速器。电力式传动系中的控制电路接收驾驶员发出的各种信号，对动作机构发出指令，实现汽车的起步、前进、后退、停车。

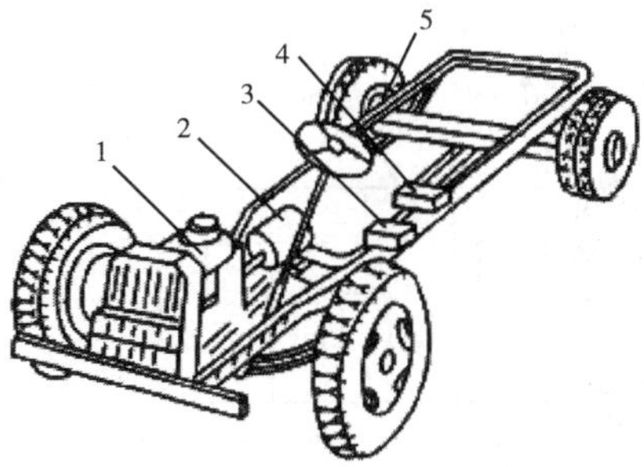

1—发动机；
2—发电机；
3—整流装置；
4—逆变装置；
5—电动机（可与驱动轮相连）

图1-3　电力式传动系

3．汽车传动系的布置形式

汽车传动系的布置形式主要与发动机的安置及汽车驱动形式有关。

汽车的驱动形式通常用汽车车轮总数、X、驱动车轮数（车轮数系指轮毂数）来表示。

普通汽车一般装有 4 个车轮。根据驱动车轮数不同，常见的驱动形式有 4X2、4X4、6X6。

（1）发动机前置、后轮驱动

发动机前置、后轮驱动（FR 型）是目前普通汽车广泛采用的一种传动系布置形式，如图 1-1 所示。它一般是将发动机、离合器和变速器连成一个整体安装在汽车前部，而主减速器、差速器和半轴则安装在汽车后部的后桥壳中，两者之间通过万向传动装置相连。这种布置形式，发动机散热条件好，便于驾驶员直接操纵发动机、离合器和变速器，操纵机构简单，维修方便，且后驱动轮的附着力大，易获得足够的牵引力。其变形形式有中桥驱动的 6X2 汽车或中后桥驱动的 6X4 汽车。

（2）发动机前置、前轮驱动

图 1-4 所示为发动机前置、前轮驱动（FF 型）的传动系布置形式示意图。其变速器、主减速器和差速器制为一体并同发动机、离合器一起集中安装在汽车前部。发动机有纵向布置 [图 1-4（a）] 和横向布置 [图 1-4（b）] 之分。这种布置形式，除具有发动机散热条件好、操纵方便等优点外，还省去了很长的传动轴，传动系结构紧凑，整车质心降低，汽车高速行驶稳定性好。但上坡时前轮附着力减小，易打滑，下坡制动时前轮载荷过重，高速时易发生翻车现象，故主要用于重心较低的轿车上。

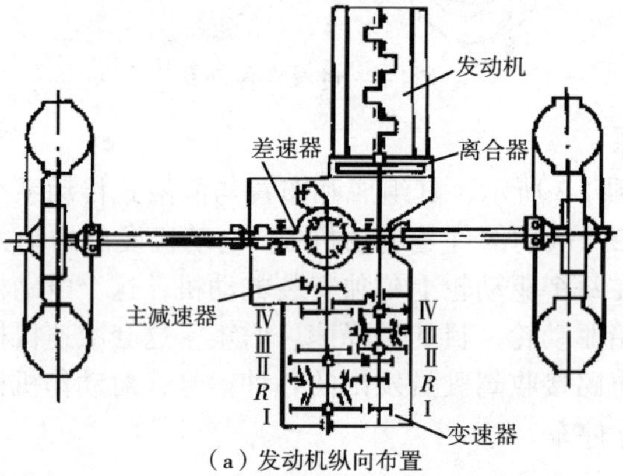

（a）发动机纵向布置

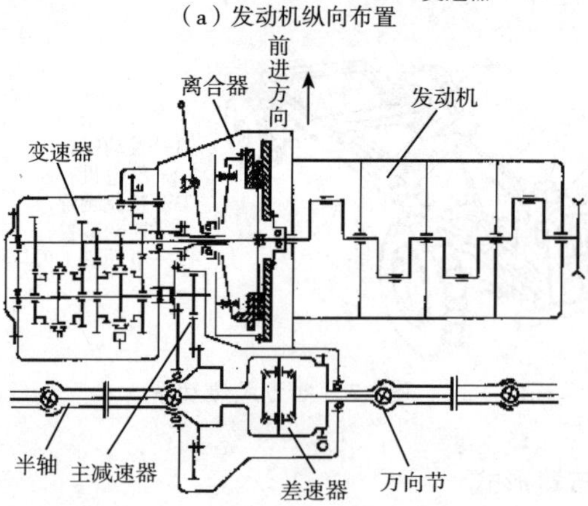

（b）发动机横向布置

图1-4　发动机前置、前轮驱动的传动系布置形式

（3）发动机后置、后轮驱动

图 1-5 所示为发动机后置、后轮驱动（RR 型）的传动系布置形式示意图。发动机、离合器和变速器制为一体布置在驱动桥之后。这样可以大大缩短传动轴的长度，传动系结构紧凑，质心有所降低，前轴不易过载，后轮附着力大，并能更充分地利用车厢面积。但由于发动机后置，其散热条件差。发动机、离合器、变速器的远距离操纵使操纵机构变得复杂，维修调整不便。除多用在大型客车上外，某些微型或轻型轿车也采用这种布置形式。发动机也有横向布置（图 1-5）和纵向布置之分。

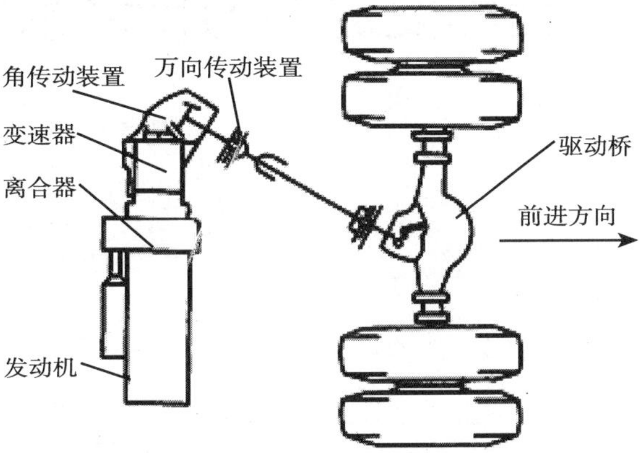

图1-5　发动机后置、后轮驱动的传动系布置形式

（4）越野汽车传动系布置形式

为了充分利用所有车轮与地面之间的附着条件，以获得尽可能大的牵引力，越野汽车采用全轮驱动。图 1-6 所示为 4X4 越野汽车传动系布置形式示意图。与发动机前置、后轮驱动的 4X2 汽车相比较，其前桥既是转向桥也是驱动桥。为了将发动机传给变速器的动力分配给前、后两驱动桥，在变速器后增设了分动器，并相应地增设了从变速器通向分动器，从分动器通向前、后两驱动桥之间的万向传动装置。由于前驱动桥又是转向桥，所以左、右两根半轴均分为两段，并用万向节相连。

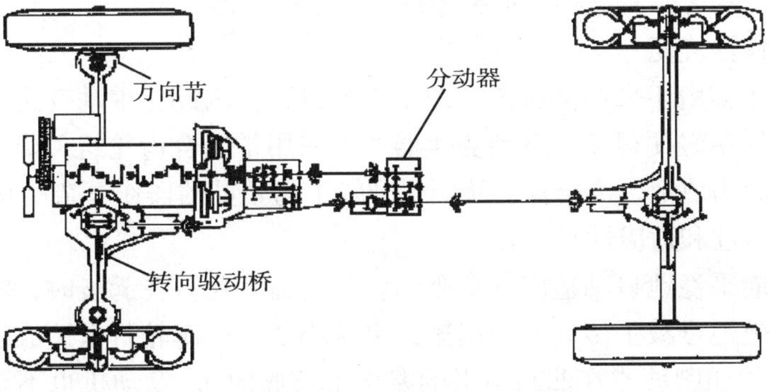

图1-6　4X4越野汽车传动系布置形式

工作任务 2

自动变速动力传动系统结构综述

导向

基础知识

1．自动变速器的特点

随着汽车技术的迅速发展，自动变速器性能的不断改进和提高，最佳换挡理论的完善，自动变速器已经能够按照汽车的最佳油耗规律进行自动换挡。因此在市区使用时，相对来说比装备手动变速器的轿车更省油，并且操作方便。

1）自动变速器的优点

（1）提高发动机和传动系统的使用寿命

自动变速器车型的发动机与传动系统之间装有液力变矩器，由液体这种“弹性体”执行动力传递功能，能够起到一定的缓冲和过载保护作用。例如，当负荷突然增大时，可防止发动机过载和突然熄火；在汽车起步、换挡或制动时，能吸收振动，减少发动机和传动系统所承受的冲击及载荷，提高零部件的使用寿命。

（2）驾驶和换挡轻便

自动变速器车型由于采用液压传动控制换挡过程，因此比手动变速器通过拨叉操纵滑动齿轮换挡要简单轻便得多。自动变速器通常采用常啮合齿轮组，降低或消除了换挡时的齿轮冲击。因为取消了离合器，从而也减轻了驾驶员的操作复杂性和劳动强度。

（3）提高动力性和适应性

自动变速器能平稳地自动适应汽车驱动轮的负荷变化。在起步时，驱动轮上的牵引力逐渐增加，有效地衰减了传动系的扭振，也减小了由于车轮打滑造成的起步困难。当行驶阻力很大时（如爬坡或在凹凸不平的路面上行驶时），发动机也不至于熄火，使汽车能以极低的速度行驶。因此，不仅提高了汽车的动力性、平稳性和舒适性，行车安全性也得到了提高。

（4）减轻空气污染

由于自动变速器能够根据行驶路况和驾驶需求自动换挡，使汽车发动机基本达到最佳工作状态，因此有效地降低了排放，减轻了对空气的污染。目前我国对环保的要求也逐渐重视起来，2002 年北京地区要求排放必须达到欧Ⅱ标准，所以自动变速器在国产车上的配装率将进一步提高。

2）自动变速器的缺点

自动变速器存在结构复杂、维修相对复杂、制造工艺复杂，制造成本和维护成本高的缺点。

2. 自动变速器的分类

1）按驱动方式分类

按照汽车驱动方式的不同，可分为前轮驱动、后轮驱动和四轮驱动自动变速器三大类。

（1）前驱动型

分为横置前驱动型（普通）、L 形前驱动型（特殊的横置前驱）和纵置前驱动型。

① 横置前驱动型

相应车型有：广州本田雅阁（MAXA、DAXA）和奥德赛（DGPA）、一汽大众捷达和宝来（OIM）、风神蓝鸟 [RL4F03（1.8L）]、丰田佳美（A140E）、神龙富康（AL4）、天津丰田威驰（U540E）等。

② L 形前驱动型

相应车型有：上海通用别克（4T65-E）、福特风之星（AX4S）、雪佛兰鲁米娜（4T60E）。

③ 纵置前驱动型

相应车型有：道奇君王（42LE）、一汽大众奥迪 A6、上海大众帕萨特 B5（01N 和 01V）、桑塔纳俊杰（01N）。

（2）后驱动型

相应车型有：丰田凌志 400（A340）、丰田皇冠（43DL）、通用雪佛莱（AL60E）。

（3）四驱动型

相应车型有：大众奥迪 A8（全时四驱）（01V）、丰田吉普（A442F）（自动变速器加分动箱型四驱）、三菱（V4AW2）。

图 2-1 所示为常见的 6 种自动变速器简图

2）按控制系统分类

现代汽车自动变速器有两种常见的控制形式。

（1）全液压控制自动变速器

该变速器主要由节气门拉索或节气门真空度和速控液压阀来向阀体提供换挡信号，如图 2-2 所示。

（2）电子控制自动变速器

变速器控制电脑根据节气门开度信号、车速信号，以及其他水温、油温、发动机转速等电信号，按照设定的程序来控制换挡电磁阀和主油压调节电磁阀（EPC）及变矩器锁止电磁阀（TCC）的工作，如图 2-3 所示。

3．自动变速器的组成和工作原理

1）自动变速器的组成

现代汽车自动变速器主要由以下几部分组成（见图 2-4）。

（1）液力变矩器

包括泵轮、涡轮、导轮、导轮单向离合器、锁止离合器等元件。

（2）行星齿轮机构

包括太阳轮、行星齿轮、行星架、齿圈等元件。

（3）液压控制系统

包括油泵、滤清器、各种换挡阀、节流阀、速控阀、调压阀、离合器、制动器等元件。

（4）电子控制系统

包括各种传感器、控制电脑、控制程序、自诊断系统等。

2）自动变速器的工作原理

液力变矩器利用液体的流动，将来自发动机的扭矩传递给行星齿轮机构，同时，液压控制系统根据行驶需要（节气门开度、车速等信号）来操纵离合器、制动器等执行元件，通过行星齿轮机构获得相应的传动比和旋转方向，自动实现变速换挡。在以上过程中，扭矩的增大、节气门的开度及车速信号对液压控制装置的操纵、行星齿轮机构传动比和旋转方向的改变，都是在变速器内部自动进行的，不需要驾驶员操作。

上述过程可用如图 2-5 所示的框图来概括。

（a）横量前驱型　（b）L形前驱型

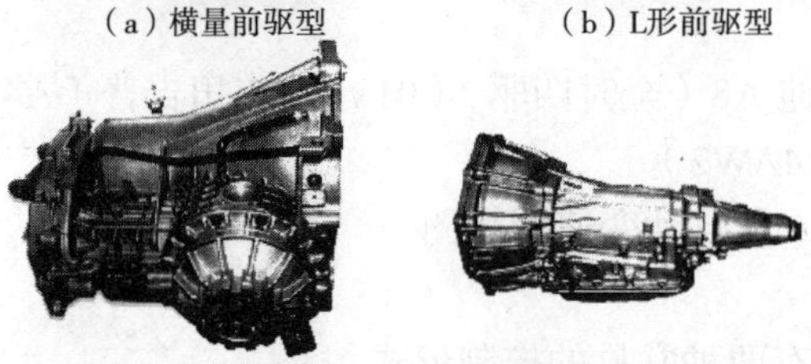

（c）纵量前驱型　（d）后驱型

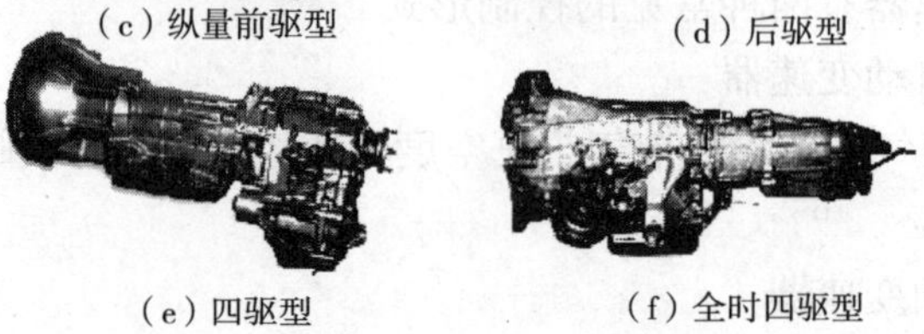

（e）四驱型　（f）全时四驱型

图2-1　常见的6种自动变速器简图

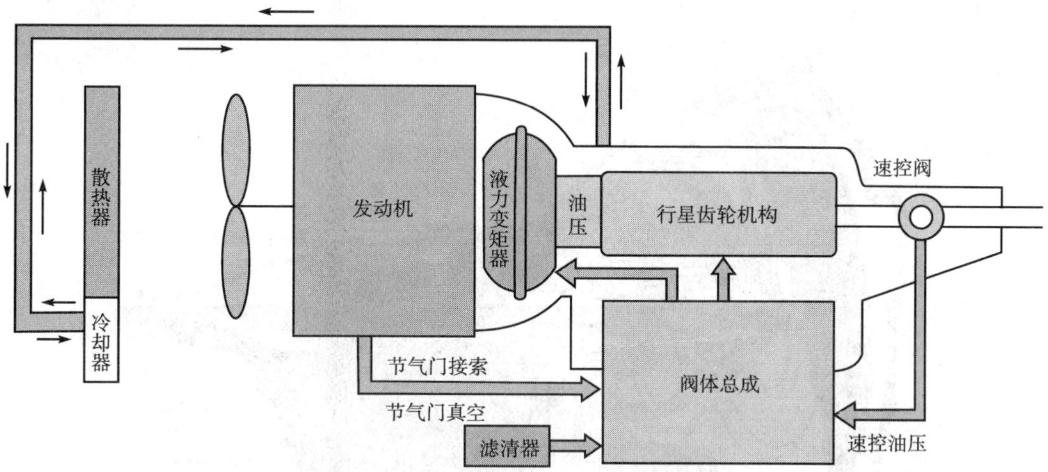

图2-2　全液压控制自动变速器控制过程示意图

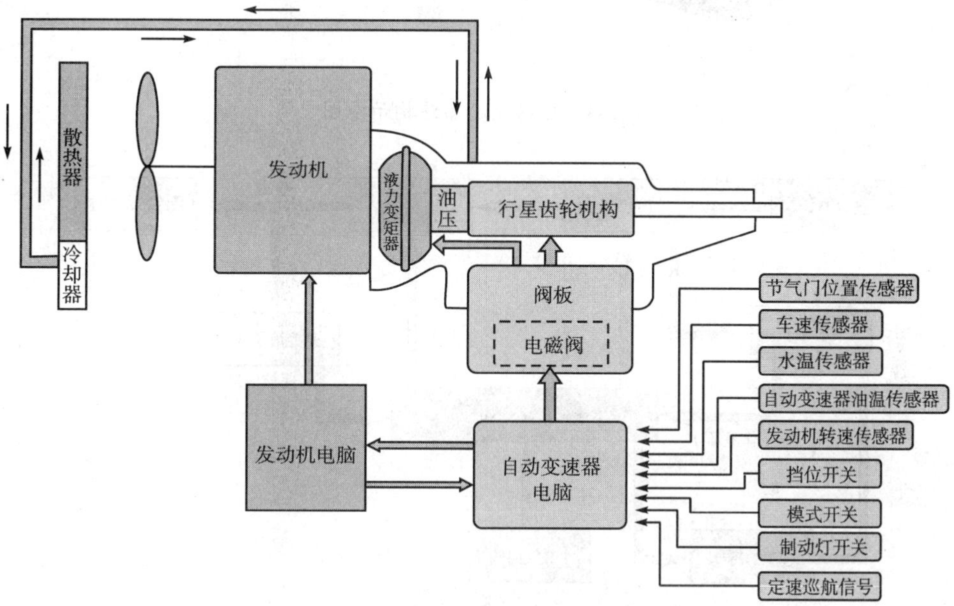

图2-3　电子控制自动变速器控制过程示意图

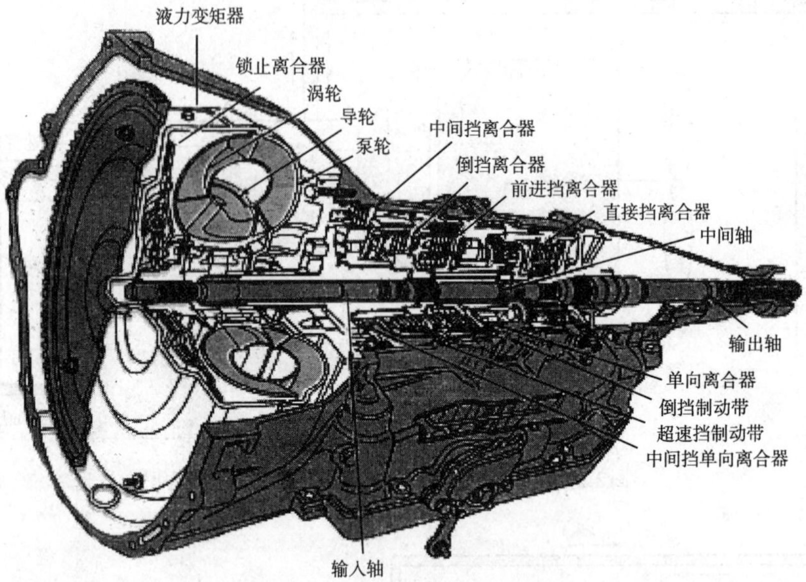

图2-4　自动变速器结构示意图

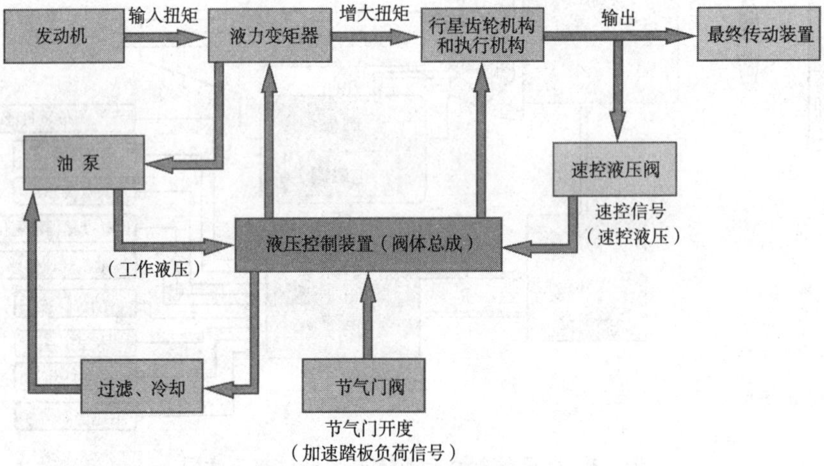

图2-5　自动变速器工作原理框图

（1）液力变矩器

液力变矩器位于自动变速器的最前端，与发动机相接，它将发动机的输出扭矩增大后传给行星齿轮，同时驱动油泵工作。因为传动介质为液体，所以能够缓冲发动机和传动系统的扭转振动。其结构如图2-6所示。

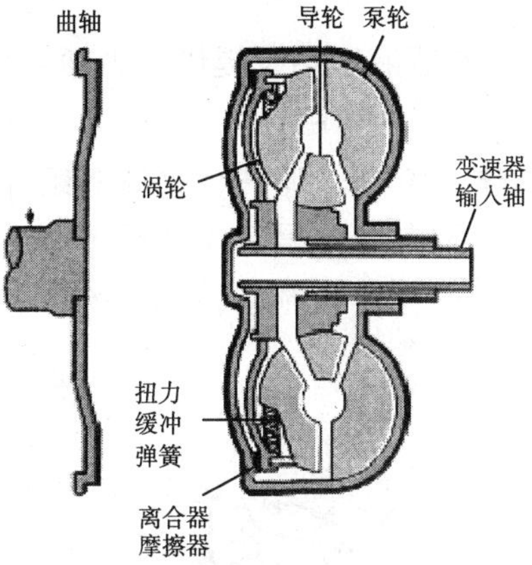

图2-6　液力变矩器结构示意图

（2）行星齿轮机构

行星齿轮机构（见图2-7）位于液力变矩器和油泵的后面并与其连接，行星齿轮机构由行星齿轮排和换挡执行元件（如离合器、制动器及单向离合器等）组成。行星齿轮排的作用是改变传动比和传动方向，即构成不同的挡位。根据所需挡位数量的不同，自动变速器一般来说需要2～3个行星齿轮排。换挡执行机构的作用是实现挡位的变换。离合器多为多片湿式，其作用是连接输入轴、中间轴、输出轴和行星齿轮排的元件，以实现扭矩的传递和挡位的变换。制动器多为带式或多片式，通过与离合器配合，用来制动齿圈、太阳轮和行星架中的元件，从而实现挡位的变换。

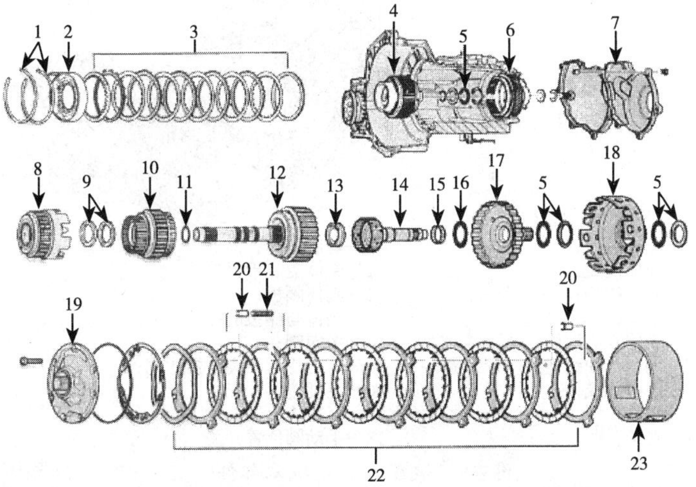

1—弹簧卡环；2—滚柱式单向离合器；3—倒挡制动离合器总成；4—行星齿轮架总成；5—轴承总成；6—输入齿轮；7—盖；8—倒挡离合器总成；9—垫圈；10—1～3挡离合器总成；11—密封圈；12—涡轮轴和四挡离合器总成；13—带垫圈的轴向滚针轴承；14—小行星齿轮驱动轴；15—滚针轴承；16—轴向滚针轴承；17—小太阳轮驱动套；18—大太阳轮驱动套；19—油泵；20—弹簧帽；21—弹簧；22—2～4挡离合器总成；23—支撑套筒

图2-7　行星齿轮机构主要零部件

（3）液压控制系统

油泵由变矩器驱动，为变速器液压系统提供压力油，从而为变速器中的元件提供传动动力，并且起到润滑清洁和冷却的作用。

液压控制系统由各种阀体、滑阀、弹簧、钢球等组成（见图 2-8）。根据驾驶员的意图和行驶条件（节气门开度及车速信号等）的需要，利用速控液压阀等元件控制液压油的输出或释放，通过操纵离合器和制动器的动作，控制行星齿轮机构，从而实现自动升 / 降挡。

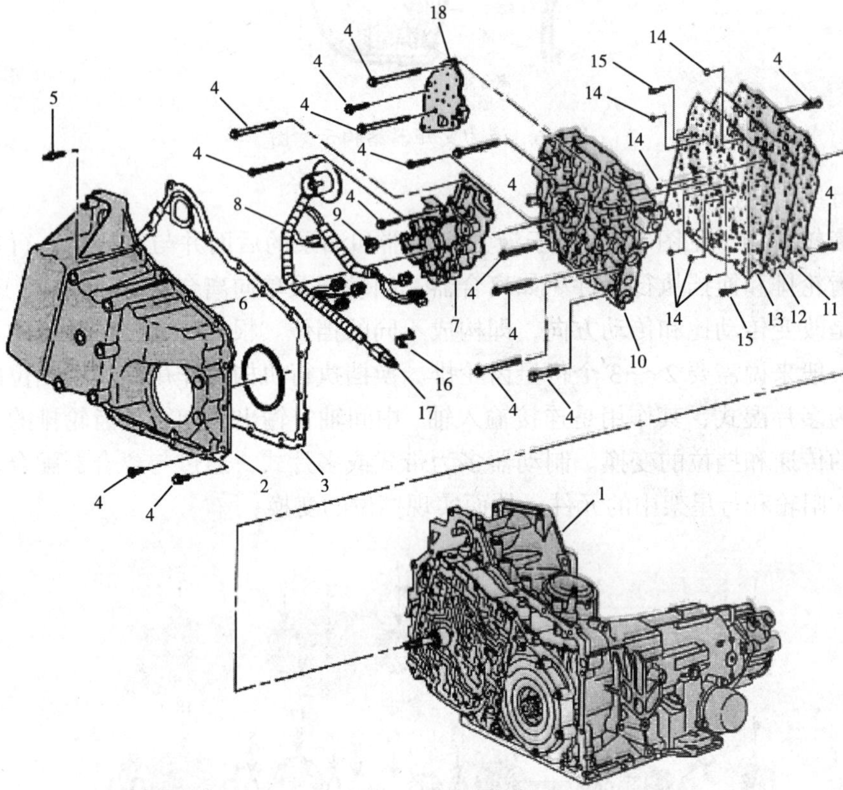

1—壳体总成；
2—壳体侧盖；
3—侧盖衬垫；
4—螺栓；
5—壳体双头螺栓；
6—侧盖与油路连接板密封圈；
7—油泵总成；
8—线束；
9—夹子；
10—控制阀体；
11—壳体盖隔板衬垫；
12—阀体隔板；
13—阀体与隔板的衬垫；
14—单向阀；
15—液力变矩器离合器滤网；
16—温度传感器夹子；
17—温度传感器；
18—手动阀位置开关

图2-8　液压控制系统零部件

（4）电子控制系统

为了进一步改善自动变速器的工作性能，除液压控制系统外，又增设了电控系统（见图 2-9），包括各种传感器和电磁阀，如换挡电磁阀、变矩器锁止电磁阀、强制降挡电磁阀、驻车锁止电磁阀、油压调节电磁阀等，以及驻车和空挡启动开关等辅助控制系统，由电脑根据行驶要求和负荷来控制换挡，使自动变速器内部元件结构简化，性能提高，换挡更精确、平顺，减少了排放，提高了燃油经济性，同时还具有电子自诊断功能，方便了故障诊断和维修。

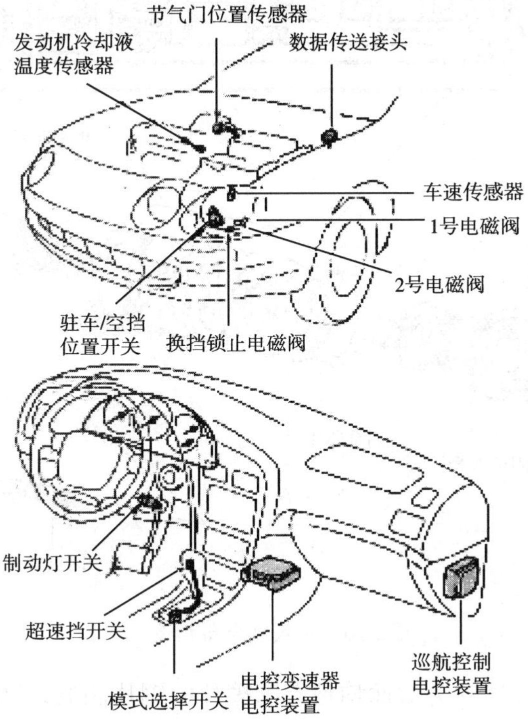

图2-9　电子控制系统主要元件

4. 换挡执行机构

1）换挡执行机构的结构与原理

齿轮变速系统中包括单向离合器、片式离合器、片式制动器和带式制动器等一些换挡执行元件。其中单向离合器的结构和原理与液力变矩器中的单向离合器相同，这里不再赘述。

（1）片式离合器

①结构

片式离合器连接和脱开诸如轴主行星齿轮等旋转部件，它由若干交错排列的离合器（钢片，表面粘有摩擦材料）和离合器盘组成（见图2-10）。每片离合器盘上有伸出的凸缘，勾住离合器毂，与输入轴连接。离合器片内的键槽与离合器壳互相啮合，离合器壳与中间轴用键槽连接，中间轴又与后行星排内的齿圈用键槽连接。因此，离合器盘和离合器片分别与输入轴和后行星排内齿圈连接。操作离合器的活塞安装于离合器毂上，离合器毂也作为活塞缸用。

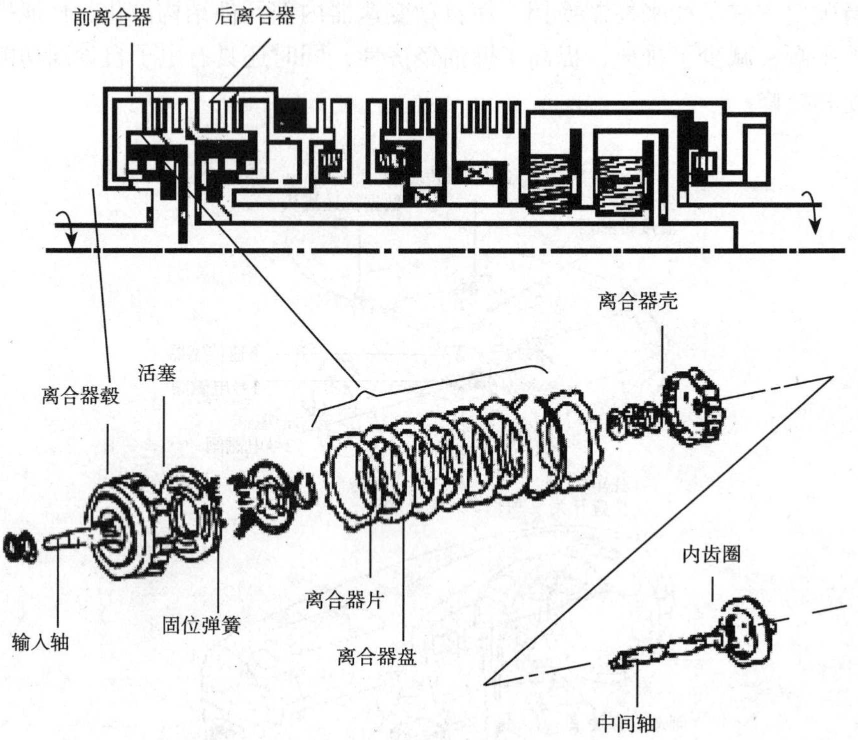

图2-10　片式离合器构造

片式离合器中的离合器片为双面均粘有摩擦片的钢片制成，摩擦片由基体材料为经硬化处理的合成物（纤维素或合成纤维）制成，为改善其摩擦系数，在浸渍处理后加入酚醛树脂作为添加剂。纸质摩擦材料是一种非常疏松而富有弹性的材料，它具有很高的摩擦系数，受压力和温度变化影响很小。

② 操作

当自动变速器油 ATF 经油道流入活塞缸内，活塞在缸体内移动，使离合器盘与离合器片接触（见图 2-11）。因为在离合器片和离合器盘之间具有很高的摩擦力，所以主动件离合器盘和从动件离合器片以相同速度旋转。这表明离合器已啮合，输入轴与内齿圈连接，动力从输入轴传递至内齿圈。

当 ATF 从活塞缸排出时，回位弹簧使活塞复位至原始位置，使离合器脱开。

图 2-12 表示行星齿轮装置上再加装一个离合器。两离合器被命名为前离合器（C1）和后离合器（C2）。

当 C1 操作时，动力从输入轴传递至内齿圈，如图 2-12 所示；当 C2 操作时，动力从输入轴传递至太阳齿轮，如图 2-13 所示。当 C1 和 C2 同时操作时，动力被输入轴同时传递至内齿圈和太阳齿轮，如图 2-14 所示。

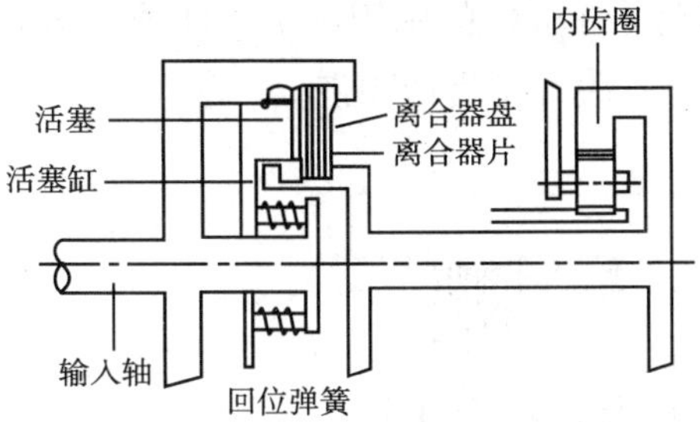

图2-11　离合器啮合

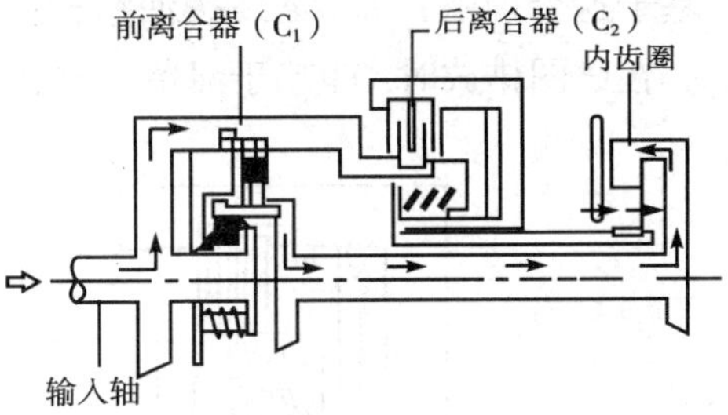

图2-12　前离合器C_1啮合的动力传递

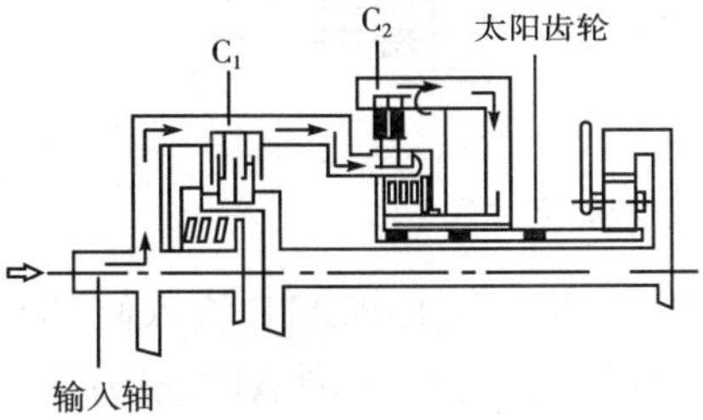

图2-13　后离合器C_2啮合的动力传递

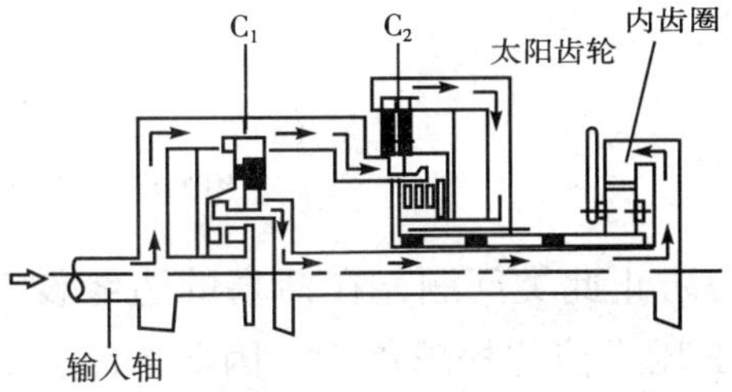

图2-14　C_1和C_2同时啮合的动力传递

如上所述，离合器是与行星齿轮装置的一个部件啮合或脱开的。在行星齿轮装置中设有多个离合器，输入部件的动力传递路线取决于操作所选的离合器。

③ 活塞止回阀

在离合器的活塞缸内有一条油路。通常油道设在缸体旋转的中心部位，当离合器啮合时，具有压力的 ATF 通过油路流入缸体内；当离合器脱开时，ATF 从同一油路排出，如图 2-15 所示。

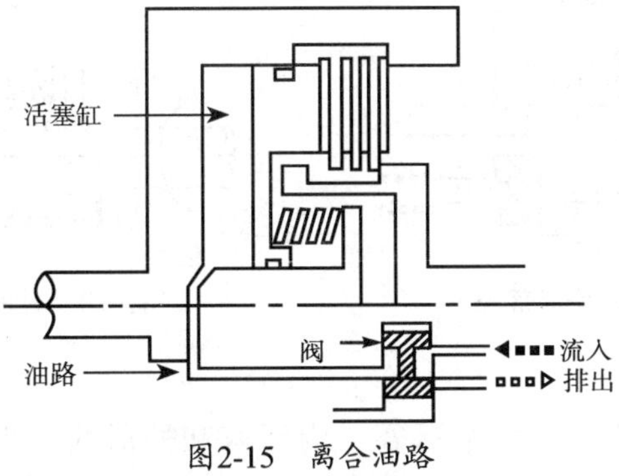

图2-15　离合油路

当阀处于顶端位置时，ATF 流入缸体。

当阀处于下端位置时，ATF 从缸体排出。

在离合器刚解除啮合时，离合器高速旋转，因此有一个离心力施加在缸体内的 ATF 上，如图 2-16（a）所示。

基于这个理由，部分ATF按油路相反方向移动（在缸体的圆周区），如图2-16（b）所示。在试图排放时ATF趋于滞留，这会引起离合器脱开不良或阻滞。

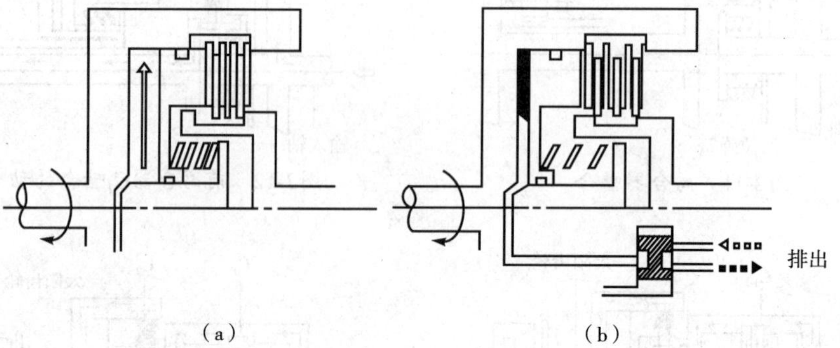

图2-16　ATF所受离心力的影响

为防止此类问题，在活塞的边缘设有一个防松球。当压缩 ATF 流入缸体时，借助 ATF 压力使防松球落座，因此 ATF 不能从缸体排出，缸体内的 ATF 压力上升，如图 2-17 所示。

当缸体内的ATF通过油路排出时，缸体内的ATF压力下降，这能使防松球从座移开。因此，工作液ATF不是滞留在缸体内，而是通过止回阀排出，如图2-18所示，使离合器快速、完全脱开。

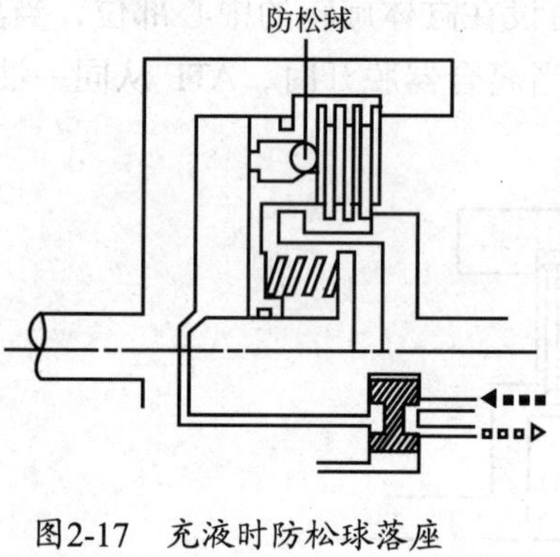

图2-17　充液时防松球落座

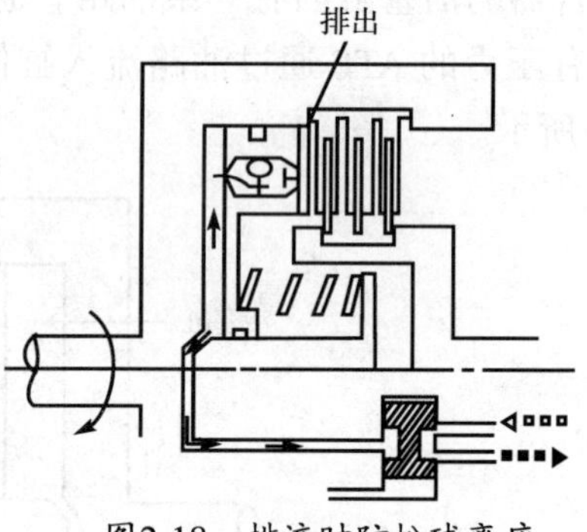

图2-18　排液时防松球离座

④ 内、外活塞

有些离合器和制动器具有两个活塞：内活塞和外活塞。当使用两个活塞时，离合器和制动器的额定扭矩可根据传动齿轮和发动机产生的扭矩变化，如图2-19所示。当油压施加于外活塞时，它具有较大压力接收区，其额定传递扭矩大；当油压施加于内活塞时，它具有较小压力接收区，其额定传递扭矩小。若在内活塞动作后操作外活塞，能用较小扭矩启动离合器和制动器，然后用较大扭矩传递动力，这能减小离合器在啮合时产生的冲击。

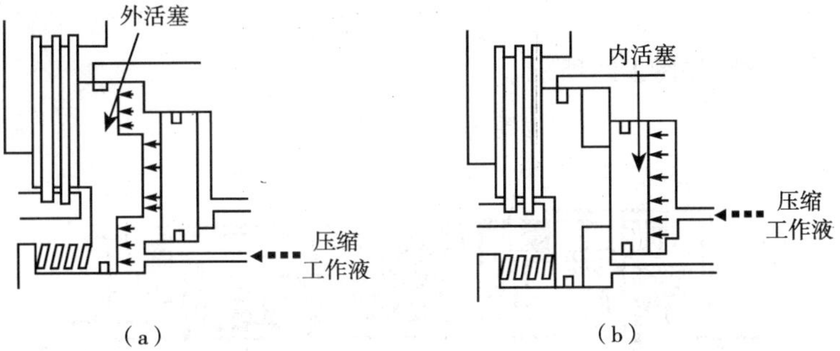

图2-19　内、外活塞离合器的工作原理

⑤ 额定扭矩

离合器能够传递的最大扭矩称为离合器额定扭矩。如果与发动机扭矩相比，额定扭矩显得太大，则在离合器啮合时较易产生冲击；另外，额定扭矩过小时离合器会打滑。因此，离合器的额定扭矩必须与自动变速器连接的发动机最大额定扭矩相配合。

片式离合器的额定扭矩取决于下列因素（假设摩擦材料的质量相同）。

➢ 摩擦表面区：离合器片的外径；离合器片的数量。
➢ 施加于活塞的油压：离合器的尺寸极限、离合器总成或离合器片的直径及活塞的尺寸实际上受到工作液压力和传递尺寸的限制。因为增大工作液（ATF）压力会引起离合器啮合时的冲击，在使用片式离合器时，额定扭矩的增大或减小通常是采用增加或减少离合器片或离合器盘的数量而实现的，如图2-20所示。如果离合器片数量减少，多安装离合器盘，或增加凸缘或活塞厚度，则能填补因减少离合器片数量造成的间隙。根据传递状态，还要改变与弹簧卡环相配合的槽的位置。

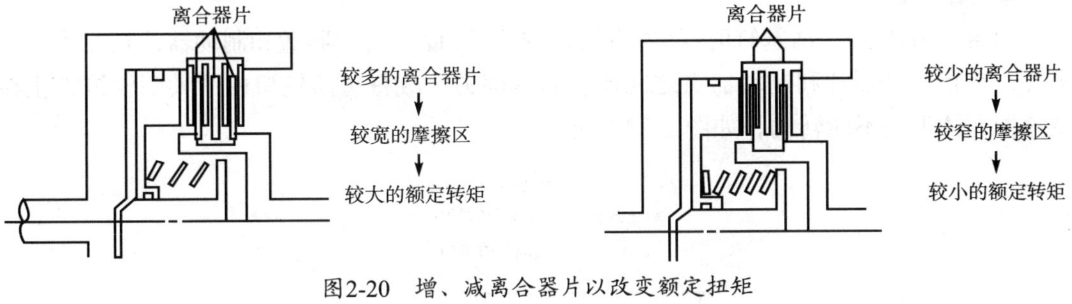

图2-20　增、减离合器片以改变额定扭矩

⑥ 片式离合器的特点

由于摩擦区宽，因此额定扭矩大；采用增加或减少离合器片数量的方法能方便地改变额定扭矩；改变工作液（ATF）油压也能改变额定扭矩；因均为湿式摩擦状态，故摩擦片磨损少，无须经常进行间隙调整。

（2）片式制动器

片式制动器广泛地用于锁止旋转的零件和外壳，其结构和工作原理基本上与片式离合器相同。

① 结构

片式制动器的结构如图2-21所示。

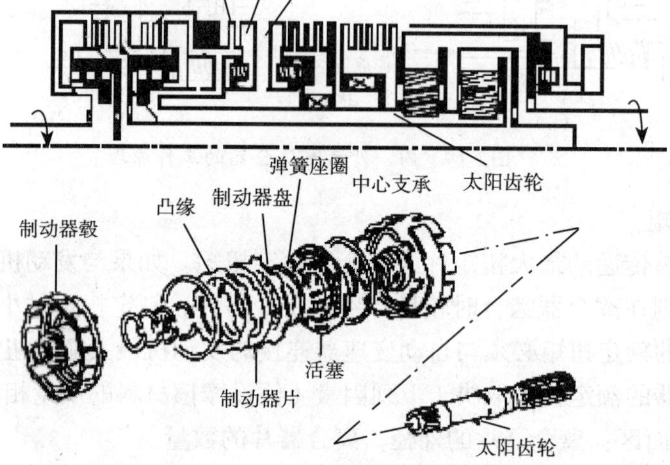

图2-21 片式制动器的结构

制动器片内的键槽勾住制动器毂，因为制动器毂用花键与太阳轮连接，故制动器片间借助制动器毂与太阳轮连接并一起旋转。同时，制动器盘与固定于变速器壳体上的中心支承互相啮合，借助于各自圆周上的凸缘进行啮合。当制动器活塞动作，压紧制动器片和制动器盘时，与制动器片相连的太阳轮即被固定在外壳上不能转动。

② 工作原理

当压缩 ATF 进入活塞缸时，活塞在缸体内移动，促使制动器盘和制动器片相互接触。因此，在各制动器片和制动器盘之间产生高摩擦力，故行星齿轮机构的太阳轮被锁止在变速器壳体上而不能转动，如图 2-22 所示。

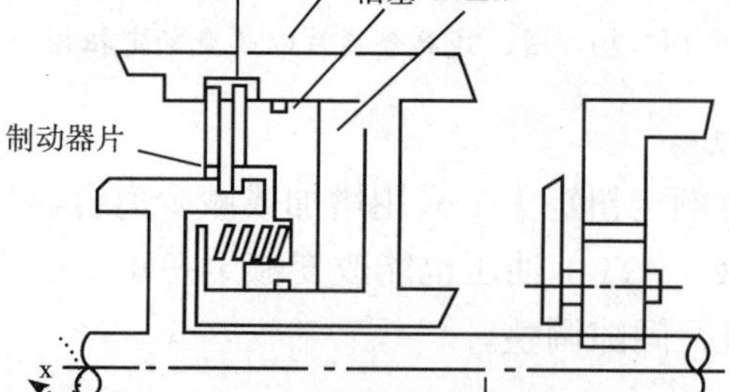

图2-22 片式制动器的工作原理

当压缩 ATF 从活塞缸排出后，回位弹簧将活塞复位至原始位置，导致制动器释放，如图 2-23 所示。

（3）带式制动器

带式制动器是将内侧粘有摩擦材料的制动器带卷绕在制动毂上，如图2-24所示，给予制动带张力，靠制动带与制动毂之间的夹紧产生摩擦，实现制动作用。因为在结构上制动带的一侧由液压伺服油缸的活塞推动，从而产生对制动带的夹紧作用力。

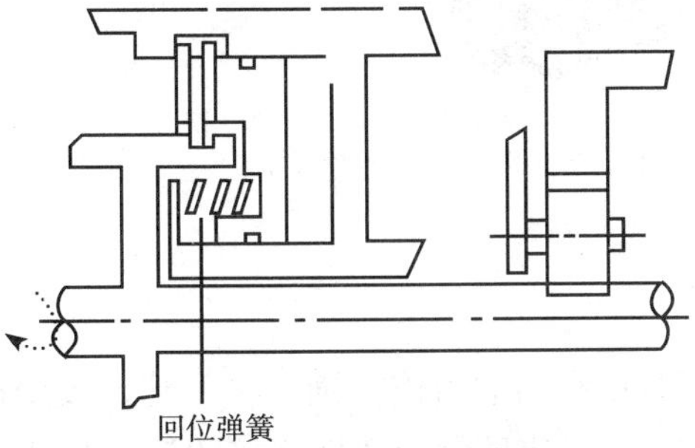

图2-23　片式制动器释放

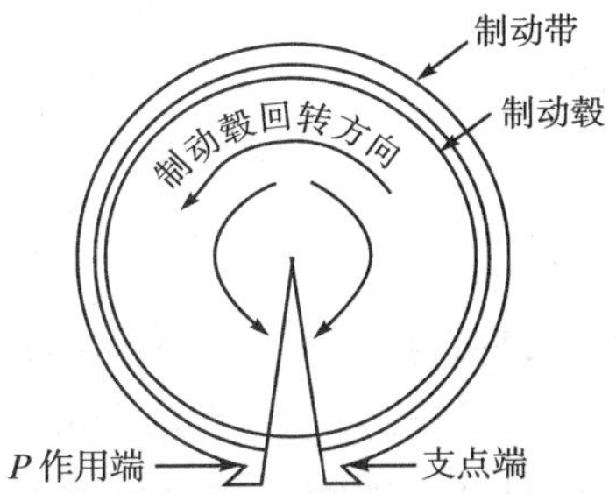

图2-24　带式制动器的工作原理

带式制动器按构造可分为三种。

① 直接动作式制动器

图 2-25 所示是直接动作式制动器。在支点端设有调整螺钉，调整好间隙后，用螺母锁紧。在作用端设有伺服油缸、活塞和活塞杆。当工作油进入活塞的作用侧（无弹簧侧）时，在油压作用下，活塞杆的顶端直接作用在作用端，夹紧制动带。泄压时，在弹簧张力作用下，活塞复位。

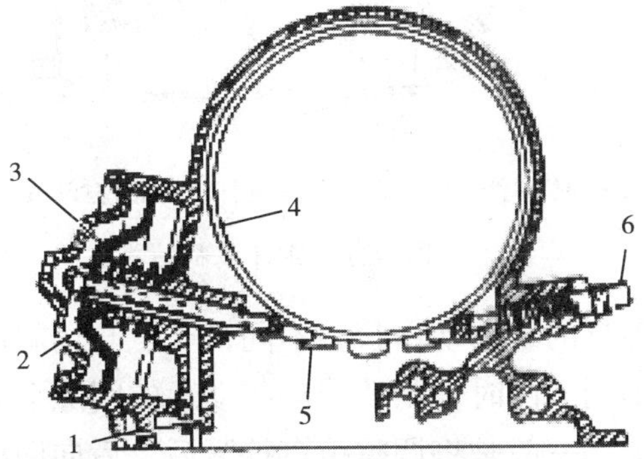

1—工作油路；2—活塞杆；3—伺服缸活塞；4—制动毂；5—制动带；6—调整螺钉

图2-25　直接动作式制动器

② 杠杆式制动器

图 2-26 所示为杠杆式制动器，它的支点结构作用基本与直接动作式制动器相同。在作用端同样有伺服油缸和活塞,活塞的作用力是通过控制杆(杠杆、摇臂)施加的作用力。

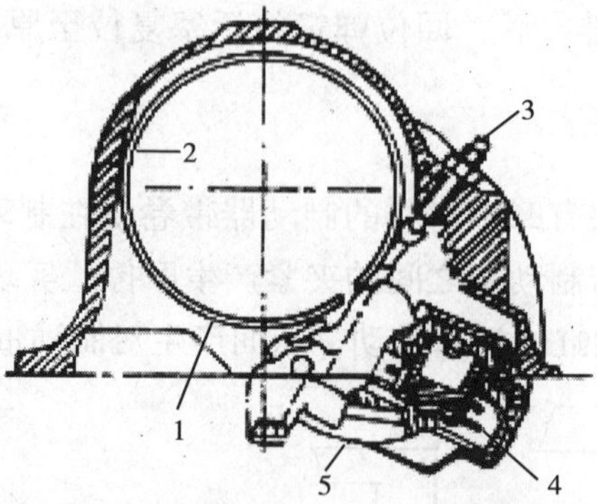

1—制动带；2—制动毂；3—调整螺钉；4—伺服活塞；5—控制杆

图2-26　杠杆式制动器

③ 连杆式制动器

图 2-27 所示为连杆式制动器。它的支点端和作用端由连杆锁扣在一起，改变连杆的摆动角度即可实现制动带的锁紧和分离。连杆的摆动是由活塞杆连接的活塞的移动造成的。当工作油液进入活塞作用侧（无弹簧侧）时，活塞杆也随着移动，拉动连杆向左摆动，拉紧制动带。泄压时，在弹簧张力的作用下，活塞复位。

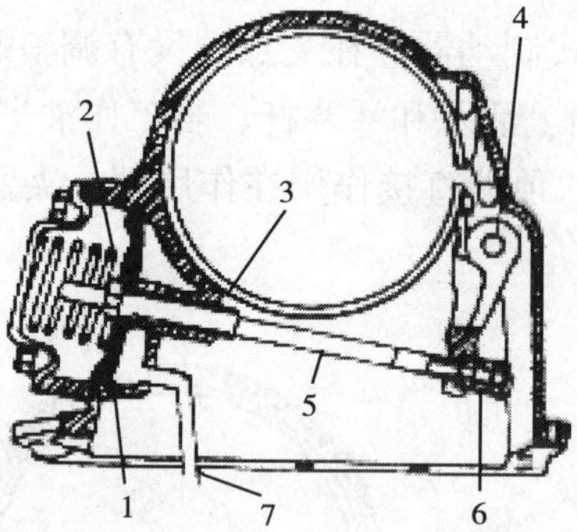

1—伺服缸活塞；2—回位弹簧；3—制动毂；4—连杆；5—活塞杆；6—调整螺钉；7—工作油路

图2-27　连杆式制动器

带式制动器由于各自的结构动作状态不同，支点与伺服油缸的反力方向不同，变速器壳体所受的应力也不同。同时，制动带与制动毂的间隙会对换挡的手感有影响，因此需要调整到合适的间隙。一般是将调整螺钉拧紧后，后向回松 2 ～ 3 扣，再将锁紧螺母锁紧为宜。

工作任务 3

离合器的检修与维护

导向

基础知识

1．离合器的作用

离合器是汽车传动系的重要组成部分，安装在发动机与变速器之间，其作用如下。

（1）保证汽车平稳起步

汽车由静止到行驶的过程，其速度由零逐渐增大。有了离合器，在汽车起步时离合器逐渐接合，这样，离合器所能传递的转矩也就逐渐增大。于是发动机的转矩便可由小变大地传给传动系，当牵引力足以克服汽车的行驶阻力时，汽车便由静止状态开始缓慢地加速，实现平稳起步。

（2）便于换挡

汽车在行驶过程中，为了适应行驶条件的变化，变速器需要经常换用不同的挡位工作。普通齿轮式变速器的换挡是通过拨动换挡机构来实现的，即在用挡位的一对齿轮副退出啮合，待用挡位的一对齿轮副进入啮合。换挡时，如果没有离合器将发动机与变速器之间的动力暂时切断，在用挡位齿轮副之间将因压力很大而难以脱开，待用挡位的齿轮副将因两者圆周速度不等而难以进入啮合，即使能进入啮合也会产生很大的冲击和噪声，损坏机件。装设了离合器后，换挡前先使离合器分离，暂时切断传动系的动力传递，然后再进行换挡操作，以保证换挡操作过程的顺利进行，并减轻或消除换挡时的冲击。

（3）防止传动系过载

当汽车紧急制动时，车轮突然紧急降速。若发动机与传动系刚性连接，将迫使发动机也随着急剧降速，其所有运动件将产生很大的惯性力矩，这一力矩作用于传动系，会造成传动系过载而使其机件损坏。有了离合器，当传动系承受载荷超过离合器所能传递的最大转矩时，离合器会自动打滑以消除这一危险，从而起到过载保护的作用。

2. 对离合器的要求

根据离合器的作用，它应满足下列主要要求：

- 具有合适的储备能力，既能保证传递发动机的最大转矩又能防止传动系过载。
- 接合平顺柔和，以保证汽车平稳起步。
- 分离迅速彻底，便于发动机启动和变速器换挡。
- 具有良好的散热能力。由于离合器接合过程中，主、从动部分有相对的滑转，在使用频繁时会产生大量的热量，若不及时散出，会严重影响其使用寿命和工作的可靠性。
- 操纵轻便，以减轻驾驶员的疲劳。
- 从动部分的转动惯量应尽量小，以减小换挡时的冲击。

3. 摩擦式离合器的分类

摩擦式离合器的类型较多，分类如下：

- 按从动盘的数目可分为单片式、双片式和多片式；
- 按压紧弹簧的形式及布置形式可分为周布螺旋弹簧式、中央弹簧式、膜片弹簧式和斜置弹簧式等；
- 按操纵机构可分为机械式（杆式和绳式）、液压式、气压式和空气助力式等。

4. 摩擦式离合器的组成和工作原理

摩擦式离合器因其结构简单、性能可靠、维修方便，目前为绝大多数汽车所采用。

摩擦式离合器由主动部分、从动部分、压紧装置、分离机构和操纵机构5部分组成。

（1）膜片弹簧离合器的组成及形式（见图 3-1 和图 3-2）。

图3-1　动力传递组成

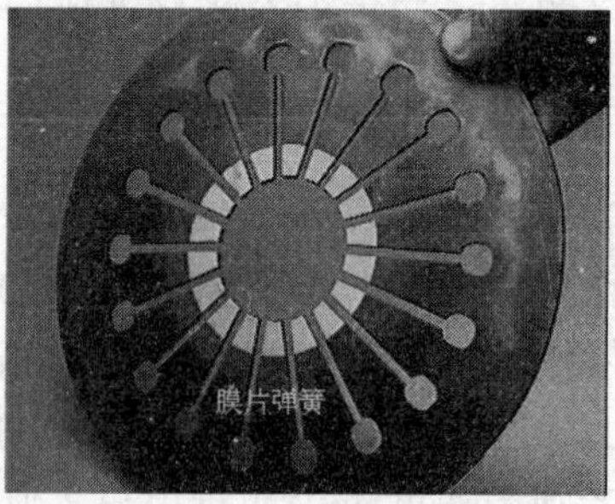

图3-2　膜片弹簧形式

膜片弹簧离合器由飞轮、从动盘、离合器盖、膜片弹簧、压盘总成、分离轴承和分离叉等组成。

离合器盖用螺钉固定在飞轮上，压盘后端圆周上的凸台伸入离合器盖的窗孔中，并可沿窗孔轴向滑动。这样，曲轴旋转，便通过飞轮、离合器盖带动压盘一起转动，构成离合器的主动部分，如图 3-3 所示。双面带摩擦衬片的从动盘是从动部分，从动盘通过滑动花键毂装在从动轴（变速输入轴）上，轴前端采用轴承支承于曲轴后端的中心孔中。安装在离合器盖和压盘之间沿圆周均布的压紧弹簧组成离合器的压紧装置，压紧弹簧将压盘和从动盘压向飞轮，使压盘与从动盘、飞轮与从动盘的两个摩擦面压紧。分离杠杆是离合器分离机构的组成零件，分离杠杆外端与压盘铰接，中部通过铰接支撑在离合器盖上。分离轴承、分离套筒、分离叉、拉杆、离合器踏板组成离合器的操纵机构，分离轴承和分离套筒压装成一体，松套在从动轴的轴套上，分离叉中部支撑在飞轮壳上。

（2）压紧弹簧

压紧弹簧是一个用薄弹簧钢板制成的碟形膜片弹簧，靠中心部分有18个径向切口，形成弹性分离指端。

膜片弹簧两侧由钢丝支承圈通过 9 个间隔铆钉将它安装在离合器盖上，形成膜片弹簧的工作支点。

（3）压盘传动片

压盘传动片是连接压盘与离合器盖的弹性钢带，其一端用铆钉铆接在离合器盖上，另一端用铆钉连同分离拉钩一起铆接在压盘上，且在压盘的外缘沿切向布置。其主要作用是将来自发动机飞轮的扭矩经过离合器盖传递到离合器压盘上，使飞轮、离合器盖和压盘构成一个整体，以保证离合器盖、压盘与飞轮同步旋转，发动机的动力依次经过飞轮、离合器盖、传动片、压盘传递给夹在压盘与飞轮之间的从动盘，再由从动盘花键毂传给变速器输入轴，将动力传给变速器。

扭转减振器的结构为，从动盘本体与花键毂是通过两组扭转减振器弹簧弹性地连接在一起的，盘毂夹在从动盘本体与减振器之间，两侧同时还夹有 2 个环状摩擦垫圈，用以衰减振动能量。带相转减振器的从动盘结构如图 3-4 所示。

图3-3　离合器的安装位置

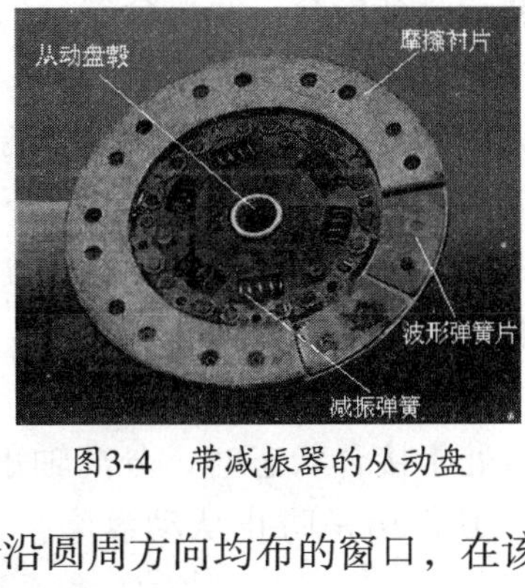

图3-4　带减振器的从动盘

在盘毂、从动盘本体和减振器盘上都有 4 个沿圆周方向均布的窗口，在该窗口中装有两组减振弹簧，止动销将从动盘本体与减振器铆接成一体，而止动销与盘毂的销孔之间有一定间隙，允许盘毂相对从动盘本体与减振盘转动。

（4）从动盘

从动盘由两片摩擦衬片、从动盘本体及与之铆接的波浪形弹簧片和扭转减振器组成。

从动盘本体用薄钢板制成，其外缘铆有 8 组 16 片波浪弹簧片，两摩擦衬片分别铆接在波浪形弹簧片的波峰和波谷上，以增加从动盘的轴向弹性，使离合器接合更加平稳柔和，其结构见图 3-5。

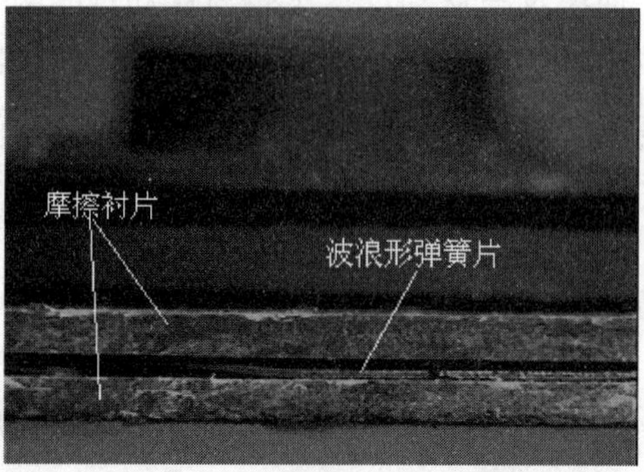

图3-5 从动盘的结构示意图

5. 工作

① 在离合器盖未固定在飞轮上时，膜片弹簧不受力，处于自由状态。此时离合器盖与飞轮的安装面间有一个距离 ΔL。

② 当离合器盖用螺钉固定到飞轮上时，由于离合器盖紧压在飞轮的端面上，钢丝支承圈压膜片弹簧使之发生弹性变形。同时，膜片弹簧外缘对压盘产生压紧力，从动盘被夹紧在压盘与飞轮之间，使离合器接合并向变速器传递扭矩。

③ 当离合器分离时，利用操纵机构使分离轴承左移，推动膜片弹簧的分离端，则膜片弹簧以钢丝支承圈为支点转动成反锥形，膜片弹簧外端右移，通过压盘上的传动片受拉产生的向后的分力及膜片作用在压盘上的向后拉力的共同作用，将压盘拉离飞轮。于是从动盘被松开，使离合器分离。

膜片弹簧式离合器有以下特点：

① 膜片弹簧既是压紧弹簧又是分离杠杆；

② 膜片弹簧工作中的压紧力几乎不受转速影响，具有高速时压紧力稳定的特点；

③ 膜片与压盘接触面积大，压力分布均匀，接合柔和，分离彻底；

④ 结构简单、紧凑，轴向尺寸小，零件少，质量轻，容易平衡；

⑤ 不需要调整。

离合器处于接合状态时，分离轴承与分离杠杆内端之间预留的间隙称为离合器的自由间隙。其作用是防止从动盘摩擦片磨损变薄后压盘不能向前移动而造成离合器打滑。

消除离合器的自由间隙和分离机构、操纵机构零件的弹性变形所需要的离合器踏板的行程称为离合器踏板的自由行程。可以通过改变拉杆的工作长度进行调整。

6. 离合器的组成及工作原理

液压式操纵机构一般由主缸、工作缸和管路等组成，见图 3-6。

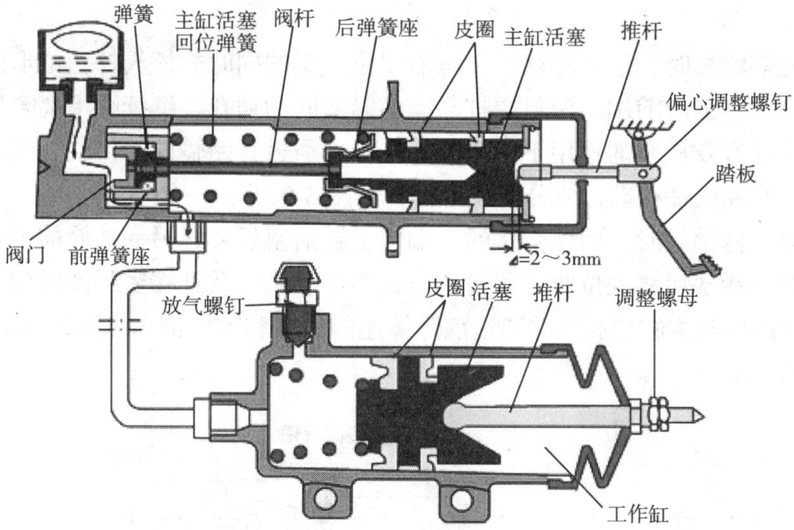

图3-6　液压式操纵机构

（1）主缸的构造

主缸的上部是储油罐，并有孔与主缸相通，阀杆后端穿在活塞的中心孔中，无配合关系。后弹簧座紧靠在活塞的前端并被轴向定位，它可单向拉动阀杆，在阀杆的前端装有橡胶密封圈的阀门，后端装有锥形的回位弹簧。前弹簧座具有轴向中心孔和轴向、径向的槽，回位弹簧安装在前、后弹簧座之间。主缸在车上的位置见图 3-7。

（2）工作缸的构造

工作缸内装有活塞、两个皮圈、推杆和放气螺钉等。两个皮圈的刃口方向相反，其作用不同：左侧皮圈是用来密封油液防止泄漏的；右侧皮圈是防止迅速抬起离合器踏板时工作缸内吸入空气的。放气螺钉的作用是放净系统内的空气。推杆的长度一般是可调整的，或采用偏心螺钉连接推杆与踏板，以便通过调整螺母使推杆与活塞保持一定的间隙，保证活塞彻底回位。工作缸在车上的位置见图3-8。

图3-7　车上主缸位置

图3-8　车上工作缸位置

（3）工作原理

踩下离合器踏板时，活塞左移，在压缩回位弹簧的同时放松阀杆，锥形回位弹簧使杆端阀门压紧在主缸的前端，密封主缸与储油罐之间的通孔。继续踩下离合器踏板，则主缸内油液在活塞及皮圈的作用下，压力上升，并通过管路输向工作缸。工作缸内压力升高，推动活塞和推杆移动，使分离叉工作，如图 3-9 所示。

当抬起离合器踏板时，回位弹簧的一端使主缸活塞后移，另一端使前弹簧座压在主缸缸体的前端，活塞后移到位时，通过后弹簧座拉动阀杆及杆端密封圈阀门，压缩锥形弹簧，打开储油罐与主缸通孔，并通过前弹簧座的径向和轴向槽，使管路与工作缸相通，整个系统无压力。

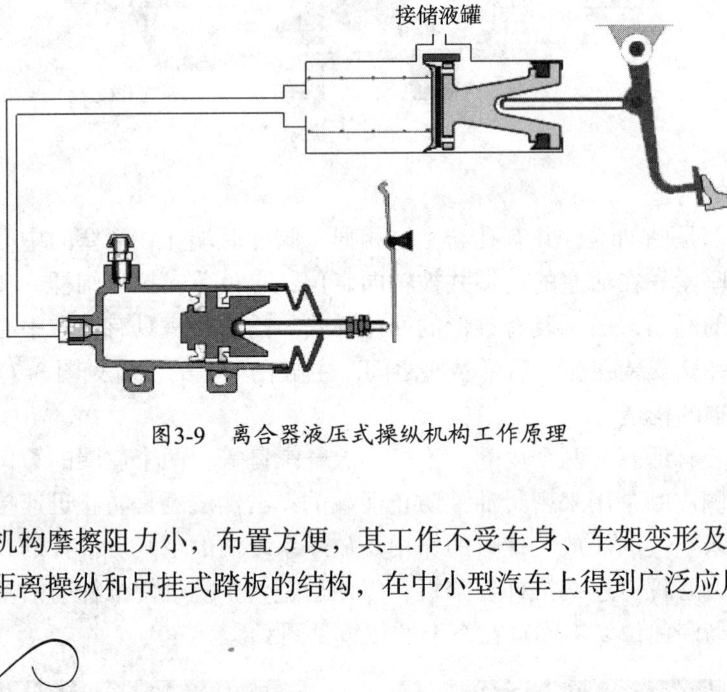

图3-9　离合器液压式操纵机构工作原理

（4）特点

液压操纵机构摩擦阻力小，布置方便，其工作不受车身、车架变形及发动机位移的影响，适合远距离操纵和吊挂式踏板的结构，在中小型汽车上得到广泛应用。

@信息

下面介绍离合器技术状况的变化。

摩擦式离合器在汽车行驶的过程中，较高频率的接合与分离，易造成技术状况的变化，产生打滑、分离不彻底、发抖和发响等故障现象。

离合器出现上述故障说明在使用过程中，离合器各组成部分，如压盘、从动盘、压紧弹簧、分离机构和操纵机构都有可能出现损伤，需要进行维修才能恢复其技术状况。

1. 离合器的维护

汽车的离合器，维护中应检查离合器踏板的自由行程，若有离合器打滑、分离不彻底、接合不平顺、分离时发响发抖等故障发生，还要对离合器进行拆检，以及更换从动盘、中压盘、复位弹簧及分离轴承等附加作业项目。

对一般车型应根据用户手册推荐的行驶里程按离合器维护项目进行。

2．离合器主要零件的检修

（1）飞轮

飞轮后端面易出现磨损、沟槽、翘曲和裂纹等，磨损沟槽深度超过 0.5mm，平面度误差超过 0.12mm，应修整平面。当飞轮工作面摆差超过极限值时需更换飞轮。

（2）检查导向轴承

导向轴承通常是永久加以润滑而不需清洁或加注润滑油的，一般对它的检查是：一面用手转动轴承，一面向转动方向施加压力，若轴承卡住或阻力过大，则应更换导向轴承。更换导向轴承时，需用特种修理工具拆装。

（3）压盘和离合器盖

离合器压盘和中间压盘的主要耗损是工作表面的磨损，严重时会出现磨损沟槽。使用不当时，甚至会引起翘曲或破损现象。

工作表面的轻微磨损可用油石修平，磨损沟槽超过 0.5mm 时应修平平面，压盘的极限减薄量不得大于 1mm，修整后压盘的平面度误差不得大于 0.10mm，而且应进行静平衡试验。

压盘有严重的磨损或变形，甚至出现裂纹，磨削后厚度小于极限值的，应更换新件。

离合器盖与飞轮接合面的平面度公差为 0.50mm。若有翘曲、裂纹或变形，应更换新件。

（4）从动盘

离合器从动盘的常见耗损有摩擦片的磨损、烧蚀、表面龟裂、油污、铆钉外露或松动等。使用不当时，还会出现扭转减振器弹簧折断、钢片与花键毂铆钉松动等现象。

从动盘摩擦衬片表面有烧焦、开裂、松动和扭转减振器弹簧折断时，应更换新片。

从动摩擦衬片表面严重油污时，应更换新摩擦衬片并检查曲轴后油封与变速器第一轴的密封状况。

从动摩擦衬片表面严重磨损时，可用卡尺测量铆钉头深度。铆钉头深度小于 0.50mm 时应更换新片。

（5）膜片弹簧

膜片弹簧因长久负荷而疲劳，造成弯曲、折断或弹力减弱而影响动力的传递。若弯曲则必须校正，折断时应予更换。有磨损时，可用卡尺测量膜片弹簧的深度和宽度。

（6）螺旋压紧弹簧

螺旋压紧弹簧的自由长度不符合标准或出现裂纹时应予更换。

（7）分离杠杆、分离轴承和分离叉

分离杠杆的端面磨损严重或变形、分离轴承运转不灵活或有噪声，均应更换。有些离合器分离叉采用尼龙衬套支承，应检查其磨损情况，若松旷会使离合器操纵沉重，应更换新件。

3．离合器的装配与调整

离合器的装配与调整是离合器修复后的重要工序，它直接影响离合器的正常工作。因此，在进行装配与调整时，应注意零件之间的相互联系和遵循其客观规律。

（1）安装从动盘

装配时用专用修理工具或校正杆或变速器输入轴插入离合器从动盘键槽，使离合器从动盘键槽中心对正，将离合器从动盘装在飞轮上。

注意：装配时仔细观察离合器从动盘的结构，检查表面是否有油污，并将从动盘上轴套较长的一端背向飞轮。

（2）安装离合器盖

首先对正离合器盖和飞轮上所作的装配记号，再均匀地以规定的拧紧顺序和力矩分几次拧紧各螺栓。

（3）膜片弹簧的检查与调整

膜片弹簧在使用中易出现弯曲，因此有必要进行检查与调整，具体方法是在膜片弹簧装复后用一个测规和专用工具测量弹簧尖端和工具之间的间隙，若过大超过标准则调整弹簧。

装配时，要在各活动部位如分离叉支承衬套、分离轴承内腔、连接销等处涂以润滑脂。

4．离合器操纵机构的维修

（1）机械操纵式

机械操纵式机构通过拉杆或绳索将离合器踏板的动作传给分离叉，实现离合器的分离与接合。

离合器从动盘和压盘长期使用引起的磨损，会使压盘前移，分离杠杆与分离轴承之间的间隙减小或消失，进而阻滞压盘的前移，使从动盘打滑，加剧从动盘、压盘和飞轮工作面的磨损。

（2）液压操纵式

离合器主缸及工作缸的皮碗和密封圈、防尘罩，因磨损或老化而漏油时应及时更换。缸筒、活塞磨损出现沟槽或台阶时，也应及时更换。

液压操纵式离合器踏板的自由行程，是主缸推杆与活塞之间的间隙和分离杠杆与分离轴承之间的间隙在踏板上的总反映。

因此，不论机械操纵式或是液压操纵式的离合器，一般在分离杠杆与分离轴承之间都预留有一定的间隙，该间隙约为 3 ～ 4mm。在使用中，上述间隙会随着压盘、从动盘和飞轮端面的磨损而减小，因而需要定期进行调整。

计 划

制订检查离合器的工作计划，填入下表。

检查离合器的工作计划		
序　号	工 作 步 骤	工具/辅具
1	检查	
2	测量	
3	外观检查	
4	检查安装情况	

作业过程

教师讲解演示的操作步骤和使用的器材	
1．操作步骤：	2．作业中使用的器材：
本组在实际操作中发现的问题和解决的方法	
1．发现的问题：	2．解决的方法：
实际操作中总结的操作步骤和注意事项	

实 施

① 进行修理。

② 对维修服务工作进行记录，形成文件。

检 验

① 对检测结果进行评价。

② 就维修标准要求给客户提供咨询：

—— 修理措施

展 示

① 复习与回顾本次任务中学到的知识和技能。

② 归纳总结哪些情况下会造成离合器的损坏。

工作任务 4

离合器常见故障

导 向

工作任务

一辆私人轿车车主抱怨说，离合器接合后车子加速迟缓，发动机提速异常；当车速达到 50km/h 后车子开起来才正常；爬坡挂在高挡位时，发动机突然又提速，松开油门后车子行使状态恢复正常。

信 息

离合器的常见故障部位主要有飞轮与从动盘接触面、从动盘、压盘、膜片弹簧（或分离杠杆。注：桑塔纳等乘用车普遍采用膜片弹簧离合器，这里指其他车型，下同，不再另做说明）、分离叉、分离套筒、工作行程等。

离合器的常见故障主要包括：离合器打滑，离合器分离不彻底，离合器接合不稳和离合器异响。

1．离合器打滑

（1）故障现象

离合器接合后，发动机动力不能完全传给驱动轮，出现汽车起步困难、油耗上升、发动机过热、加速不良等现象。

（2）故障主要原因及处理方法

离合器打滑的根本原因是压盘不能牢固地压在从动盘摩擦片上，或摩擦片的摩擦系数过小。

具体原因及处理方法如下。

① 摩擦片烧损、硬化、有油污或磨损严重，视情况予以修理或更换。

② 膜片弹簧疲劳、开裂或失效，应予以更换。

③ 分离轴承运动发卡不能回位，应予以润滑或更换。

④ 压盘或飞轮变形、磨损，应予以磨平或更换。

⑤ 离合器操纵机构调整不当，导致踏板自由行程过小，应予以调整。

⑥ 拉索发卡，需要润滑等。

（3）故障诊断方法

检查离合器踏板有无自由行程，若无或数值不正确，则应检查操纵系统是否调整不当或卡滞，踏板回位弹簧是否失效，分离轴承是否不能回位，膜片弹簧（或分离杠杆）内端是否调整过高。

若自由行程正常，则应拆下离合器壳，检查摩擦片是否烧损、有油污或磨损过大，膜片弹簧是否失效，飞轮或压盘有无变形等。图 4-1 所示为离合器打滑常见故障原因诊断流程。

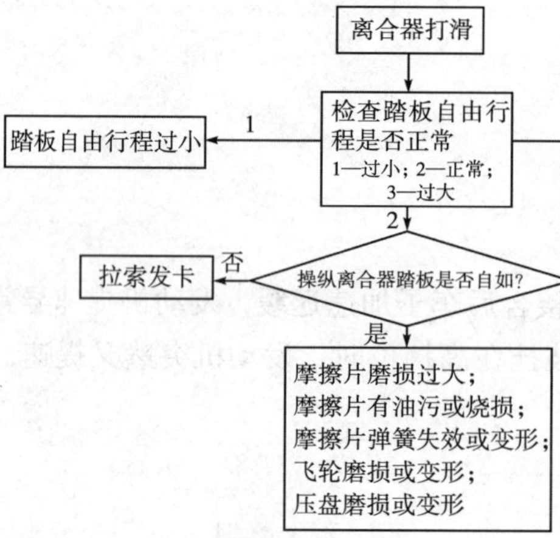

图4-1　离合器打滑常见故障原因诊断流程

2．离合器分离不彻底

（1）故障现象

发动机怠速时，完全踩下离合器踏板，却挂挡困难，常伴有齿轮撞击声；或在强行挂挡后，不松开离合器踏板，汽车就猛向前窜或发动机熄火。

（2）故障主要原因及处理方法

离合器分离不彻底的根本原因是离合器踏板踩到底时，压盘离开从动盘的移动量过小，或部件的变形导致压盘与从动盘摩擦片有所接触而不能彻底分离。具体原因及处理方法如下。

① 离合器踏板自由行程过大，应予以调整。

② 从动盘翘曲，应予以更换。

③ 压盘变形，应予以磨平或更换。

④ 摩擦片变形或铆钉松动，应予以修理或更换。

⑤ 膜片弹簧断裂或内端因调整不当而不在同一平面内（或分离杠杆变形，内端因调

整不当而不在同一平面内），应予以更换或调整。

⑥ 操纵机构发卡，应予以润滑。

⑦ 液压操纵系统漏油，系统内有空气或油量不足，应予以检查，排气或添加液压油等。

（3）故障诊断方法

检查操纵机构是否卡滞，保证其工作正常。

检查踏板自由行程是否正常，若不正常，调整至规定值。

若故障现象仍然存在，则应拆下离合器壳，检查摩擦片是否破裂或弯曲，拨叉是否断裂，压盘是否弯曲，膜片弹簧是否断裂或内端因调整不当而不在同一平面内（或分离杠杆是否变形，内端是否由于调整不当而不在同一平面内）等。

图 4-2 所示为离合器分离不彻底常见故障原因诊断流程。

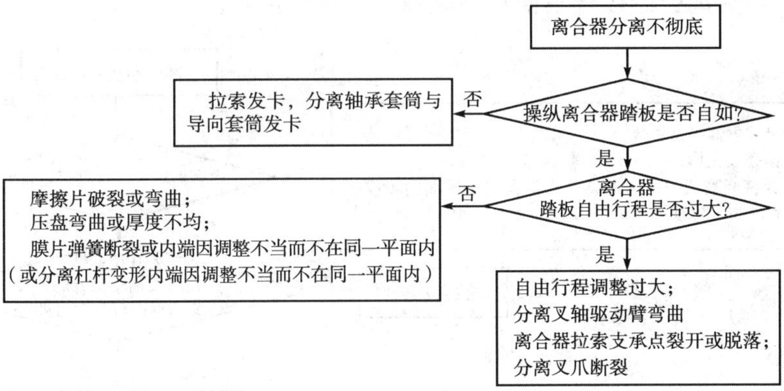

图4-2　离合器分离不彻底常见故障原因诊断流程

3. 离合器接合不稳

离合器接合不稳又称为离合器发抖。汽车起步时，松开离合器踏板，车身出现抖动，说明离合器存在接合不稳的故障。

（1）故障现象

汽车在起步过程中，缓放离合器踏板，轻踩加速踏板，离合器接合时出现抖振。表现为汽车不能平顺起步，伴有冲撞，严重时车身明显抖动。

（2）故障主要原因及处理方法

离合器接合不稳的根本原因是从动盘摩擦片表面与压盘表面、飞轮接触表面之间的正压力分布不均，在同一平面内的接触时间不同，使得主、从动盘接合不平顺引起发抖。

具体原因及处理方法如下。

① 操纵机构工作不畅，应予以检查排除或润滑。

② 从动盘翘曲，厚度不均或中间花键的配合间隙过大，应予以更换。

③ 压盘变形，应予以更换。

④ 离合器盖松动，应予以紧固。

⑤ 飞轮端面圆跳动超标，应予以更换。

⑥ 膜片弹簧本身弹力不均、断裂或内端因调整不当而不在同一平面内（或分离杠杆变形内端由于调整不当而不在同一平面内），应予以更换或调整。

（3）故障诊断方法

检查发动机支架、变速器与飞轮壳的紧固螺栓、离合器壳的固定螺栓等处是否有松动，排除接合不稳的现象是由它们引起的。

检查操纵机构，看有无拉索发卡等现象。若有，需调整、润滑或更换。

若故障仍然存在，则应分解离合器，检查从动盘减振器弹簧是否失效，膜片弹簧（或分离杠杆）内端是否高低不一，压盘是否偏磨或变形，摩擦片铆钉是否松动，分离轴承套筒是否发卡，回位弹簧是否失效，分离叉轴两端支承是否磨损等。

图 4-3 所示为离合器接合不稳常见故障原因诊断流程。

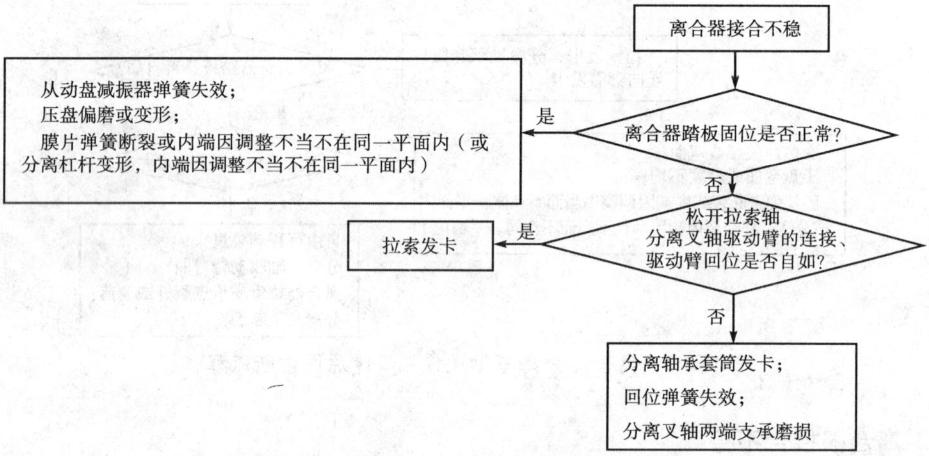

图4-3 离合器接合不稳常见故障原因诊断流程

4. 离合器异响

（1）故障现象

离合器接合时，或踩下离合器踏板少许，或完全踩下时，离合器发出不正常响声。

（2）故障主要原因及处理方法

造成异响的根本原因在于离合器的部分零件严重磨损及主、从动部件传力部位松旷，在离合器接合或分离的瞬间，由于惯性冲击的作用，造成不正常摩擦或撞击而产生异常响声。

具体原因及处理方法如下。

① 分离轴承缺油或损坏，应予以润滑或更换。

② 分离轴承与膜片弹簧（或分离杠杆）内端之间无间隙，应予以调整。

③ 分离轴承回位弹簧折断，应予以更换。

④ 摩擦片铆钉外露，应予以修理。

⑤ 膜片弹簧破碎，应予以更换。

⑥ 踏板自由行程过小，应予以调整。

⑦ 从动盘减振器弹簧折断等。

（3）故障诊断方法

连续踩放踏板，确定响声是否由操纵机构引起。

启动发动机，让其怠速运转；踩下踏板少许，使分离轴承与膜片弹簧（或分离杠杆）刚刚接触。如果有“沙沙”的响声，说明是分离轴承在响。

将踏板踩到底，如果有响声，是由于分离轴承不转而与膜片弹簧（或分离杠杆）发生摩擦。

离合器刚接触或刚分离时出现响声，则应检查从动盘铆钉头是否露出，分离轴承与膜片弹簧（或分离杠杆）间的间隙是否正常，从动盘减振器弹簧是否折断等。

图 4-4 所示为离合器异响常见故障原因诊断流程。

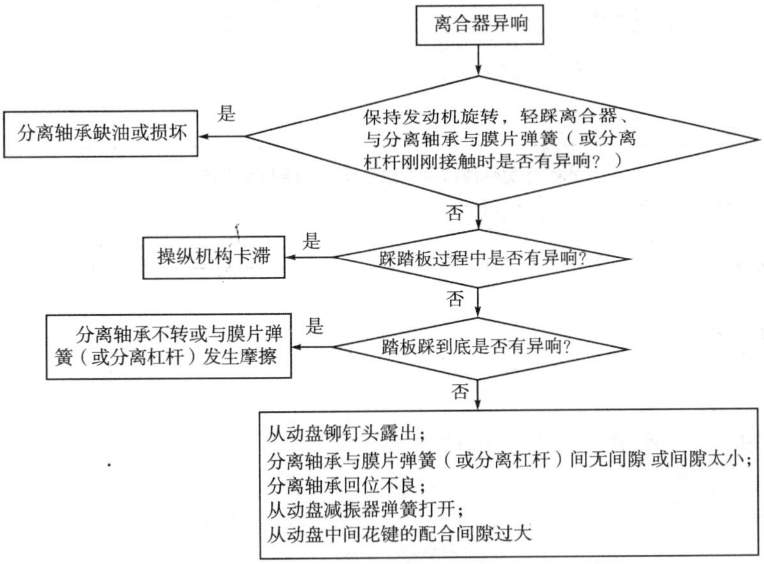

图4-4　离合器异响常见故障原因诊断流程

计 划

制订检查离合器的工作计划，填入下表。

检查离合器的工作计划		
序　号	工 作 步 骤	工具/辅具
1	检查	
2	拆装、测量	
3	调整、安装	
4	检查安装情况	

作业过程

<table>
<tr><td colspan="2">教师讲解演示的操作步骤和使用的器材</td></tr>
<tr><td>1．操作步骤：</td><td>2．作业中使用的器材：</td></tr>
<tr><td colspan="2">本组在实际操作中发现的问题和解决的方法</td></tr>
<tr><td>1．发现的问题：</td><td>2．解决的方法：</td></tr>
<tr><td colspan="2">本组在实际操作中总结的操作步骤和注意事项</td></tr>
<tr><td colspan="2"></td></tr>
</table>

实 施

① 进行修理。

② 对维修服务工作进行记录，形成文件。

检 验

① 对检测结果进行评价。

② 就维修标准要求给客户提供咨询：

—— 修理措施

展 示

复习与回顾本次任务中学到的知识与技能。

工作任务 5

机械变速器的检修与维护

导向

基础知识

1. 变速器及其工作原理

变速器的轴上安装有若干对齿轮副，从而可实现变速、变矩和改变方向等功能。它具有结构简单、易于制造、工作可靠、传动效率高等优点，所以在汽车上得到了广泛使用。

（1）变速、变矩原理

一对齿数、大小均不同的齿轮啮合传动时，即可以实现变速。目前汽车上采用的活塞式内燃机，其转矩和转速的变化范围较小，而复杂的使用条件要求汽车的牵引力和车速能在相当大的范围内变化。为解决这一矛盾，在汽车传动系中设置了变速器。其作用如下：首先，扩大发动机传到驱动轮上的转矩、转速变化范围，以适应经常变化的行驶条件；其次，在发动机旋转方向不变的条件下，使汽车倒向行驶，以满足汽车掉头、出入货场和车库等情况下的工作需要；再次，利用空挡，可中断发动机向驱动轮传递动力，以便发动机启动、怠速工作和保证汽车短暂停驶、滑行。

在多轴驱动的汽车上还装有分动器，其作用是把转矩分配到各个驱动桥上。

现代汽车传动系中的变速器有多种类型，按工作原理的不同可分为有级变速器和无级变速器，按操纵方式的不同可分为手动变速器和自动变速器。

手动有级普通齿轮式变速器也叫定轴式变速器，它由一个外壳、轴线固定的几根轴和若干个齿轮组成，可实现变连变矩和改变旋转方向。设小齿轮A为主动齿轮，齿数Z_A=10，半径为r；大齿轮B为从动齿拉，齿数Z_B=20，半径为R（R=2r）。很显然，在相同的时间内，小齿轮转过两圈，大齿轮才转过一圈，其转速下降一倍；同时，转矩则增大一倍。反之，大齿轮作为主动齿轮，小齿轮作为从动齿轮时，转速将加快，转矩则减小。这就是齿轮传动的变速、变矩原理。汽车变速器正是根据这一原理，利用若干对大小不同、齿数不等的齿轮副啮合传动来实现变速、变矩的。

在传动过程中，传动装置的输入转速与输出转速之比称为传动比，常用 i 表示，即

$$i=\frac{n_{入}}{n_{出}}$$

（2）变向原理

因汽车倒车时，要求改变变速器输出轴的旋转方向，所以，在齿轮之间装上惰轮，即可改变输出轴原来的旋转方向。惰轮称为倒挡轮。

变速器包括变速传动机构和操纵机构两大部分。

变速传动机构主要由齿轮、轴、壳体和支承件等组成。

变速传动机构是变速器的主体，按工作轴的数量（不包括倒挡轴）可分为三轴式变速器和两轴式变速器。变速传动机构的主要作用是改变速度、旋转方向；操纵机构的作用是实现换挡。

2．两轴式变速器

两轴式齿轮变速器主要应用于发动机前置前轮驱动或发动机后置后轮驱动的汽车上，常称为变速驱动桥。其中前置发动机又有纵向布置和横向布置两种，与其配用的两轴式变速器也有两种不同的结构形式。

1）发动机纵向布置的两轴式变速器

图 5-1（a）所示为普通桑塔纳轿车使用的四挡变速器结构简图；图 5-1（b）所示为桑塔纳 2000 型轿车使用的五挡变速器结构简图。

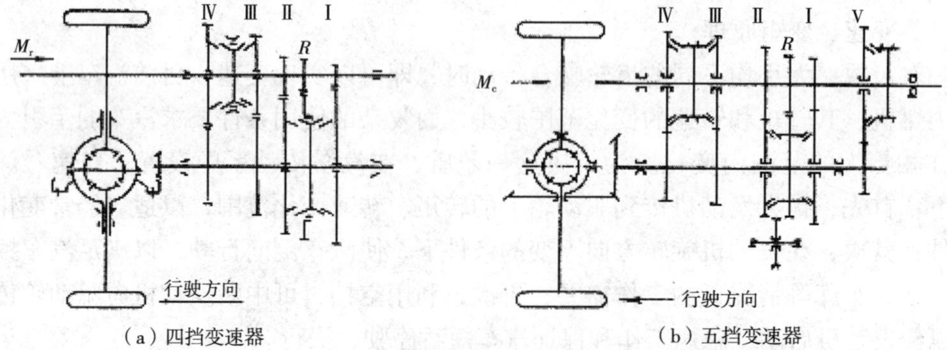

（a）四挡变速器　（b）五挡变速器

图5-1　桑塔纳轿车变速器结构简图

（1）结构

发动机纵向布置的两轴式变速器内部结构均采用两轴布置形式，即输入轴总成和输出轴总成，取消了常规的中间轴。其中四挡变速器共有四个前进挡，全部采用同步器操纵换挡，两个锁环式惯性同步器分别安装在输入轴和输出轴上；而五挡变速器中的五个前进挡也全部采用同步器操纵换挡，三个锁环式惯性同步器，一个安装在变速器输出轴上，两个安装在输入轴上。输入轴的一、二挡齿轮和倒挡齿轮与轴制成一体，其他均为带内衬套式齿轮。

（2）各挡动力传递过程（见图 5-1）

（3）结构特点

① 变速器采用两轴式布置形式，取消了常规的中间轴，使结构合理、布置紧凑、自身质量小。

② 变速器的前进挡均采用锁环惯性式同步器。

③ 齿轮采用多齿数、小模数、大螺旋角、大齿形角、高齿顶、重叠系数增加的，从而提高了啮合效率，降低了变速器的噪声。

④ 接合齿都采用倒锥齿结构，可防止脱挡。

⑤ 换挡操纵机构的所有连接处均采用塑料件，并有橡胶防尘罩，既灵活又不松动，既可防振，又可防尘。

⑥ 根据不同挡位的不同受力情况，齿轮材料可选用 MnCr 系列材料，这种材料切削性能好，变形小。

⑦ 先进的设计确保了产品的质量。

2）发动机横向布置的两轴式变速器

（1）结构

发动机横向布置的两轴式四挡变速器结构如图 5-2 所示。它在所有前进挡齿轮和倒挡齿轮上完全采用同步器和常啮合斜齿轮。

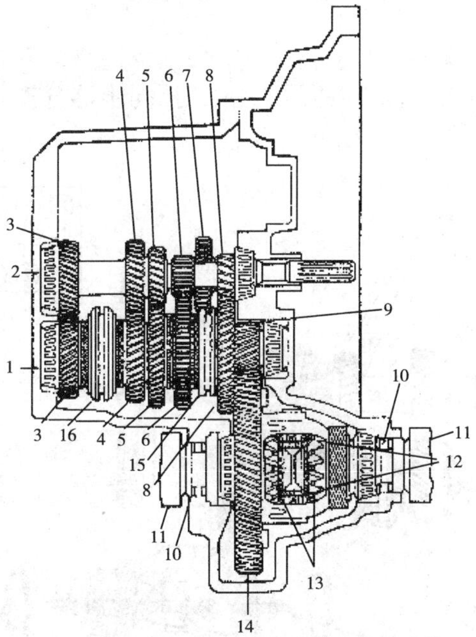

1—主轴；2—输入齿轮轴；3—四挡齿轮；4—三挡齿轮；5—二挡齿轮；6—倒挡齿轮；7—倒挡惰轮；8——挡齿轮；9—主减速器主动齿轮；10—差速器油封；11—等速万向节轴；12—差速器小齿轮；13—差速器半轴齿轮；14—主减速器从动齿轮；15——/二挡同步器；16—三/四挡同步器

图5-2　发动机横向布置的两轴式四挡变速器结构

（2）动力传递路线

① 一挡

如图 5-3 所示，一 / 二挡同步器使一挡齿轮与主减速器主动齿轮轴接合，将变速齿轮锁定到主减速器主动齿轮轴上。输入轴齿轮的一挡主动齿轮顺时针转动，逆时针驱动一挡从动齿轮和主减速器主动齿轮轴，顺时针驱动主减速器从动齿轮。

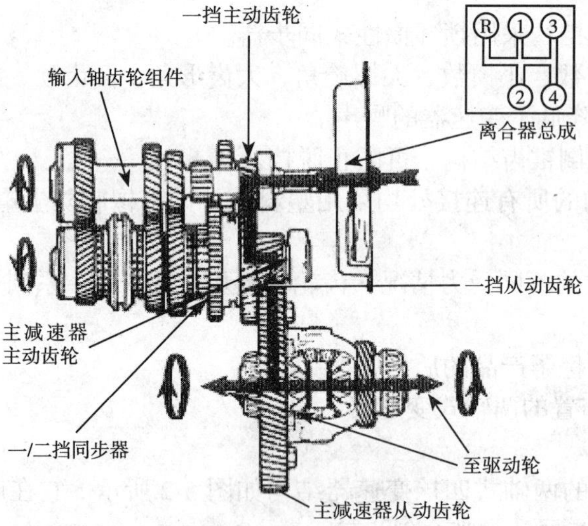

图5-3　一挡动力传递路线

② 二挡

从一挡向二挡换挡时，如图5-4所示，一/二挡同步器分离一挡从动齿轮，并接合二挡从动齿轮。

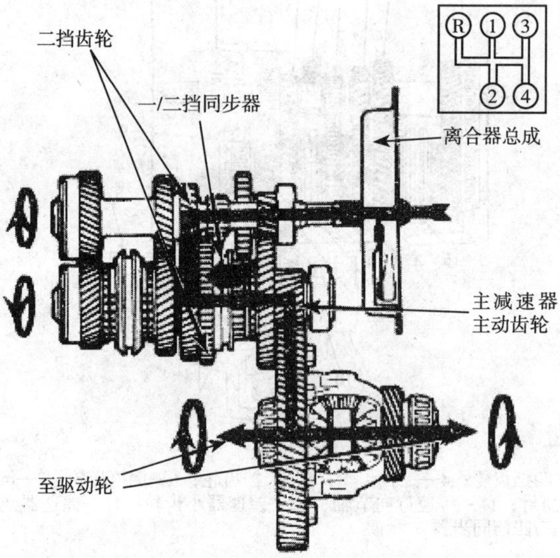

图5-4　二挡动力传递路线

③ 三挡

当二挡同步器套返回空挡后，将三/四挡同步器锁定到主减速器主动齿轮轴上的三挡齿轮上，动力传递路线如图5-5所示。

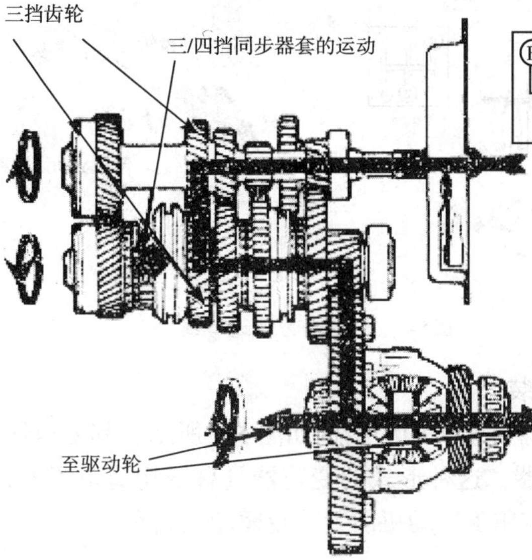

图5-5　三挡动力传递路线

④ 四挡

将三/四挡同步器套从三挡齿轮移开，移向四挡齿轮，将其锁定在主减速器主动齿轮轴上，动力传递路线如图5-6所示。

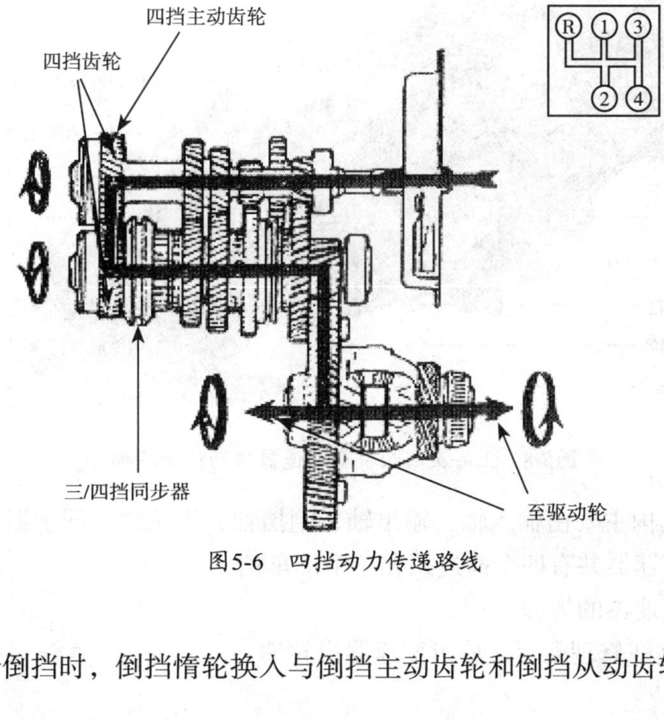

图5-6　四挡动力传递路线

⑤ 倒挡

变速杆位于倒挡时，倒挡惰轮换入与倒挡主动齿轮和倒挡从动齿轮啮合。倒挡从动齿轮同时又是一/二挡同步器套，同步器套带有沿其外缘加工的直齿。倒挡惰轮改变变速齿轮的转动方向，汽车就可以倒车。动力传递路线如图5-7所示。

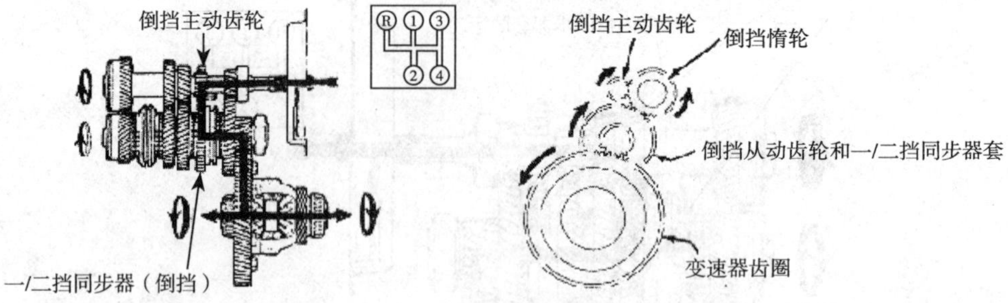

图5-7　倒挡动力传递路线

3）两轴式变速器的拆装

上海桑塔纳轿车变速器传动机构的结构如图 5-8 所示。其变速器主轴包括输入轴和输出轴，故称两轴式变速器。这种形式的变速器具有结构简单紧凑、体积小、质量轻、传动效率高等优点，广泛应用于发动机前置前轮驱动的轿车上。

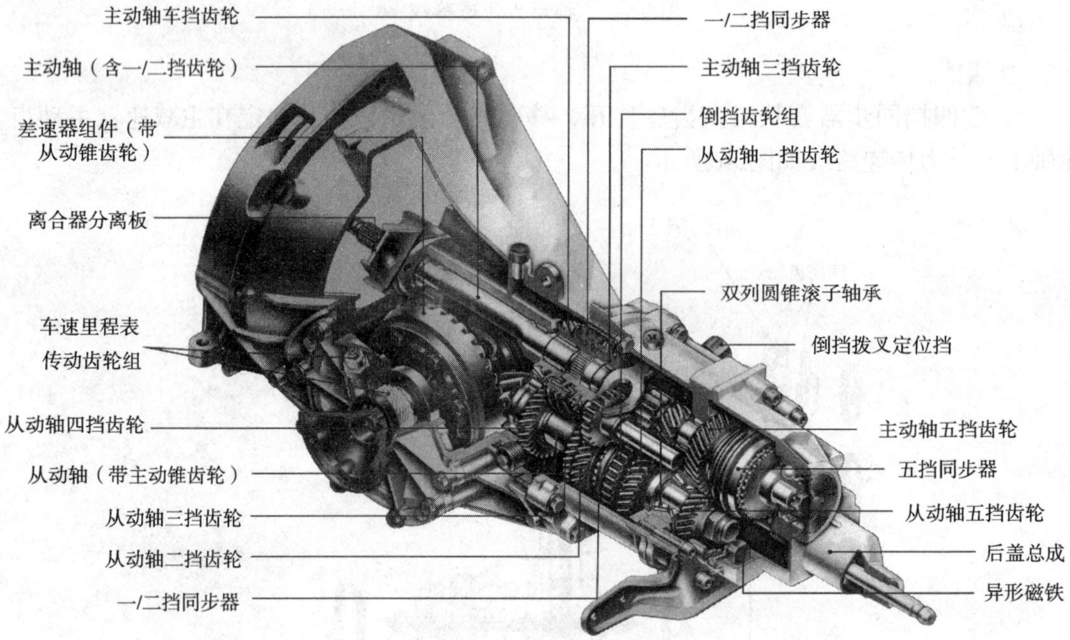

图5-8　上海桑塔纳轿车变速器传动机构结构

变速器传动机构主要由输入轴、输出轴、倒挡轴、齿轮组、同步器、支承轴承和变速器壳体组成。变速器共有四个前进挡和一个倒车挡。

（1）桑塔纳变速器的拆卸

① 将变速器夹在修理架上，放出变速器齿轮油。

② 拆下变速器后盖，取出调整垫片和密封垫圈。

③ 小心地将第三、四挡拨叉轴往外拉，取出轴上互锁销钉；然后，将轴推回空挡位置。注意拨叉轴不能拉出太远，否则，同步器内的滑块会弹出来，致使拨叉轴无法推回空挡位。

④ 让倒挡和第一挡的齿轮啮合，以锁住输出轴，旋下输出轴端头螺母，并拉下双列圆锥滚子轴承（后轴承）。

⑤ 拆卸输入轴。将压具支承桥准确安装在变速器壳上，使心轴位于输入轴的中心，支脚尽可能在一条直线上，旋动压具心轴至顶住输入轴，拉出输入轴后轴承。

⑥ 松开变速器前、后壳体间的连接螺栓。

⑦ 将变速器后壳体夹在台虎钳上，且使用保护垫片。

⑧ 铳出三、四挡拨叉与轴的固定销。

⑨ 将第三、四挡拨叉轴往回拉，直至可以将第三、四挡拨叉取出来为止；然后，将拨叉轴推回空挡位置。

⑩ 取出输入轴总成。

⑪ 压出倒挡齿轮轴并取出倒挡齿轮。

⑫ 铳出一、二挡夹紧爪的弹性销，从拨叉轴上取下夹紧爪。

⑬ 取出输出轴总成。

⑭ 拆下变速器前壳体凸缘轴上的固定螺栓，拆下差速器盖螺栓及盖，然后取出差速器总成。

（2）桑塔纳变速器的装配

装配按拆卸时的相反顺序进行，同时还应注意以下事项。

① 压入第一、二挡拨叉轴时应注意活动间隙，必要时轻轻敲击，以免卡住。

② 倒挡传动臂安装后，应进行反复拨动试验，检查倒挡机构是否灵活、正确。

③ 应使各拨叉轴均处于空挡位置。

④ 安装第三、四挡拨叉轴上的小互锁销时，拨叉轴不能拉出太远，否则，同步器滑块可能弹出来，拨叉轴无法推回空挡位置，需要重新拆卸变速器。

⑤ 准确测量轴承座与变速器盖之间调整垫片和密封圈的厚度，确保减速器主、从动锥齿轮的正常啮合。

3．同步器

变速器在换挡过程中，必须使即将啮合的一对齿轮的圆周速度达到相同，即同步状态，才能顺利地啮合挂上挡位。如果未达到同步强行啮合，其齿端将发生撞击和噪声，影响齿轮的工作寿命，甚至导致轮齿折断。变速器内装有同步器后，换挡过程中，当两个齿轮相互接近时，在摩擦力作用下，使两个齿轮迅速达到同步状态，平稳进入啮合。不但可以简化驾驶员换挡操作过程，同时可延长齿轮使用寿命。

目前，汽车变速器中使用的同步器几乎均采用摩擦式同步装置，按其具体结构和锁止原理的不同分为常压式、惯性式和自动增力式同步器。常压式同步器结构较简单，但因锁止工作不够可靠，目前较少采用。自动增力式同步器在工作中具有自动增强同步摩擦效果的作用，使换挡过程更省力、更迅速，且换挡后具有可靠的定位作用，无须采用一般变速器必须设置的自锁装置。

目前汽车变速器中应用最广泛的是惯性锁环式和惯性锁销式同步器。前者多用于轿车和轻型汽车上，后者则多用于中、重型汽车上。

4. 直接操纵机构

按操纵杆距离变速器远近的不同，机械式操纵机构分为直接操纵式操纵机构和远距离操纵式操纵机构。

发动机前置后轮驱动的长头汽车变速器，一般采用直接操纵式操纵机构，具有结构简单、工作可靠、手感明显等优点。

图 5-9 所示为直接操纵式操纵机构，其中变速杆、拨叉、拨叉轴、自锁、互锁、倒挡锁装置均安装于变速器盖上。

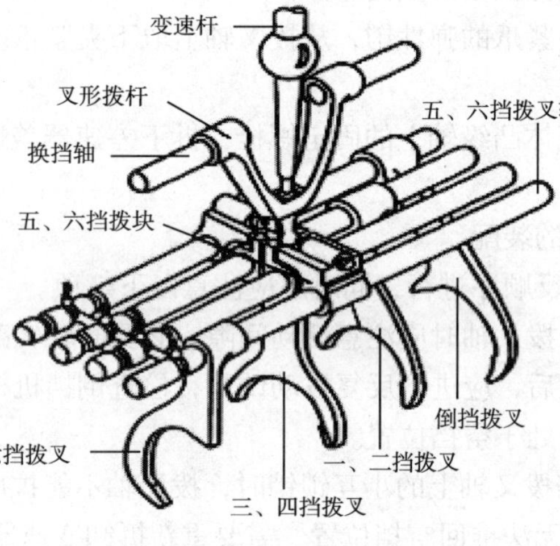

图5-9 直接操纵式操纵机构

（1）变速器锁止装置

为保证变速器能准确、安全、可靠地工作，变速器中一般均设有自锁、互锁和倒挡锁三大锁止装置。

自锁装置如图 5-10 所示，它由自锁弹簧、自锁钢球和拨叉轴上的自锁凹槽组成，其作用是防止变速器自动脱挡，并保证轮齿全齿长啮合，使驾驶员具有明显的手感。

当任何一根拨叉作轴向移动到空挡位或某挡位时，必有一个凹槽正好对准自锁钢球，钢球在自锁弹簧压力作用下嵌入凹槽内，以防止拨叉及轴自行移动，起到自锁定位的作用。

变速器互锁装置如图 5-11 所示，其作用是防止变速器换挡时同时挂入两个挡位，造成变速器齿轮“卡死”甚至使机件严重损坏。

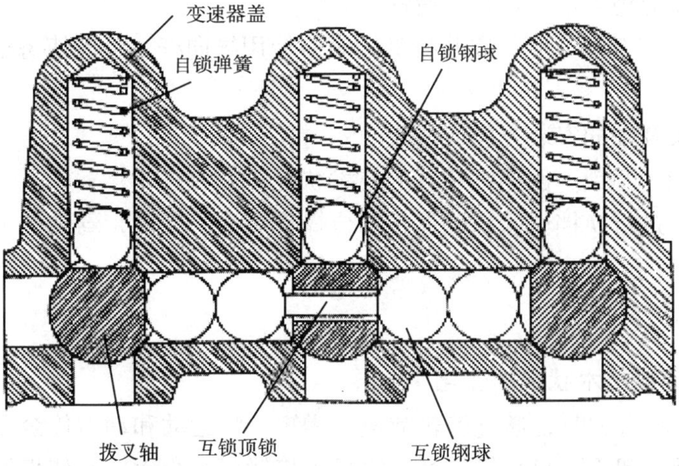

图5-10 变速器自锁装置

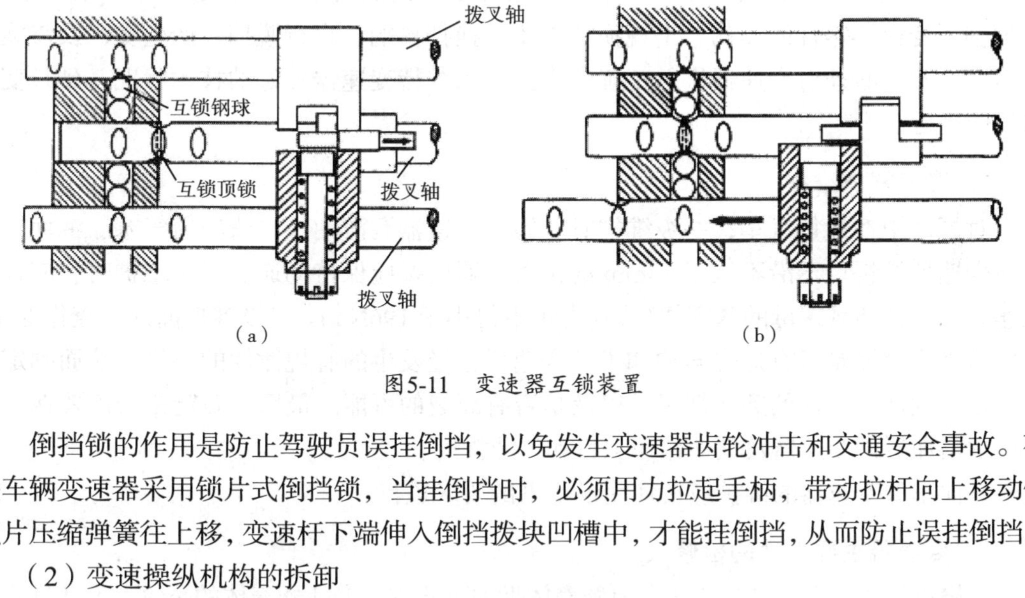

图5-11 变速器互锁装置

倒挡锁的作用是防止驾驶员误挂倒挡，以免发生变速器齿轮冲击和交通安全事故。有些车辆变速器采用锁片式倒挡锁，当挂倒挡时，必须用力拉起手柄，带动拉杆向上移动使锁片压缩弹簧往上移，变速杆下端伸入倒挡拨块凹槽中，才能挂倒挡，从而防止误挂倒挡。

（2）变速操纵机构的拆卸

① 拆下变速器顶盖固定螺钉，拆下顶盖、变速杆、弹簧。

② 将变速器盖总成倒置，稳固夹持在台虎钳上。

③ 拆除拨叉固定螺钉金属锁线。

④ 拆下拨叉固定螺钉。

⑤ 用铳头将拨叉轴从轴孔中铳出，取出拨叉（拆时防止自锁弹簧和钢球弹出）。

⑥ 从台虎钳上卸下变速器盖，取出互锁钢球。

（3）变速操纵机构的装配

装配变速操纵机构时，按拆卸的相反顺序进行，且应注意以下事项。

① 变速器盖应稳固地夹持在台虎钳上。

② 为了操作安全和方便，安装拨叉轴时应使用导向杆，且应使每根拨叉轴均处于空挡位置。

③ 注意拨叉及轴的安装方向或位置。

④ 检验自锁、互锁、倒挡锁装置的技术状况。

⑤ 安装后应进行换挡试验，确保各挡位操作灵活、准确，驾驶员手感明显。

@信 息

1. 手动变速器技术状况的变化

变速器在汽车行驶时，通过齿轮减速、增矩，将运动和动力传至万向传动装置。齿轮齿面间的接触在理论上只是线接触，实际中接触压力很大，易使齿面磨损或产生疲劳剥落等现象。汽车行驶时需要根据行驶条件选择合适的挡位，对恶劣道路上行驶的车辆来讲，由于换挡频繁，会产生冲击载荷，破坏零件的润滑条件，加之使用和维修不当，更加剧了变速器零件的损伤，出现换挡困难、换挡异响、自行脱挡、产生噪声及渗漏等故障。因此，必须对变速器进行正确的维护，以维持变速器良好的技术状况，延长变速器的使用寿命。

2. 变速器的维护

对国产中型载货汽车，一级维护时应检查变速器润滑油量，清洗通气塞。油面应保持在变速器检视口下沿不低于 15mm 的位置，通气塞应保持畅通。二级维护时，应检查变速器第二轴凸缘螺母的紧固情况，其力矩不得小于 196N·m。二级维护前的检查作业中，还要检查变速器是否有运转异响和了解变速器已经发生的有规律性的小修，从而判定齿轮、轴、轴承等零件的磨损情况，以及是否有断裂的可能。最后，确定是否需要在二级维护中增加拆检变速器及其他作业项目和作业深度。

其他车型变速器的维护应按使用说明书的要求进行。

3. 变速器主要零件的检修

检修过程中，应对变速器的变速器壳体做如下检查：变速器壳体的裂纹；变速器壳体的变形；壳体螺孔损伤。同时，对变速器盖、齿轮与花键、轴、轴承及同步器做检查。

4. 变速器的装配与调整

变速器装配质量的好坏，对变速器的工作质量影响很大。在装配变速器时，应注意以下几个方面。

① 装配前，必须对零件进行认真的清洗，除去污物、毛刺和铁屑等。尤其要注意第

二轴齿轮上径向润滑油孔的畅通。

② 装配各部轴承及键槽时，应涂质量优良的润滑油进行预润滑。总成修理时，应更换所有的滚针轴承。

③ 对零件的工作表面不得用硬金属直接锤击，避免齿轮出现运转噪声。

④ 注意同步器锁环或锥环的装配位置。装配过程中，若有旧件时应原位装复，以保证两元件的接触面积。因此，在变速器解体时，应对同步器各元件做好装配记号，以免装错。

⑤ 组装中间轴和第二轴时，应注意各挡齿轮、同步器固定齿座、推力垫圈的方向及位置，以保证齿轮的正确啮合位置。

⑥ 安装第一轴、第二轴及中间轴的轴承时，只许用压套垂直压在内圈上，禁止施加冲击载荷，轴承内圈圆角较大的一侧必须朝向齿轮。

⑦ 装入油封前，需要在油封的刃口涂少量润滑脂，要垂直压入，并注意安装方向。

⑧ 变速器装配后，要检查各齿轮的轴向间隙和各齿轮副的啮合间隙及啮合印痕。

⑨ 装配密封衬垫时，应在密封衬垫的两侧涂以密封胶，确保密封效果。

⑩ 安装变速器盖时，各齿轮和拨叉均应处于空挡位置。必要时，可分别检查各个常用挡的齿轮副是否处于全齿长接合位置。按规定的力矩拧紧全部螺栓。

5. 变速器的磨合与试验

变速器装配后，应按规定进行变速器的磨合与试验，以改善零件摩擦表面的接触质量状况，检查变速器的修理和装配质量。

变速器的零件经过机加工，但由于设备、卡具或其他原因，以及形位误差和装配的影响，零件的实际接触面积远小于理论值。磨合的目的就在于通过在各转速和负荷下，使工作表面逐渐加载，从而改善零件的接触状况，为零件正常承载做好准备。

变速器的磨合应在试验台上进行，对无负荷和有负荷条件下各种转速的运转情况进行检验。

磨合前，应按规定向变速器加注清洁的润滑油。磨合时第一轴转速为 1 000 ~ 2 000r/min，各挡磨合时间的总和不得少于 1h。变速器进行有负荷试验时，其负荷为最大传递转矩的 30%，严禁加入研磨用的磨料进行磨合。

在变速器磨合的过程中，油温应控制在15～65℃。应确保变速器的变速机构和操纵机构轻便、灵活、迅速、可靠，不允许有自动脱挡现象；运转和换挡时不得有异响；变速杆不得有明显的抖动现象；所有密封部位不得有漏油现象。

变速器经磨合和试验后，应认真进行清洗，并按原厂规定加注润滑油。

计 划

制订检查变速器的工作计划，填入下表。

检查变速器的工作计划		
序　号	工 作 步 骤	工具/辅具
1	拆解部件	
2	部件外观的检查和数据测量	
3	装配、调整	
4	检查安装情况	
5	磨合、复检	

实　施

① 进行修理。

② 对维修服务工作进行记录，形成文件。

检　验

① 对检测结果进行评价。

② 就技术标准要求给客户提供咨询：

—— 修理措施

展　示

复习与回顾本次任务中学到的知识与技能。

工作任务 6

机械变速器的故障诊断

@ 信息

1. 工作任务

一辆轿车车主抱怨车子有以下问题：挂三挡时换挡噪声很大，有时第三挡挂不上去。其他挡位都可以没有问题地挂上去。

根据变速器的工作原理，针对故障现象诊断故障原因并进行修理。首先分析产生的故障是由变速器操纵机构引起还是变速器齿轮传动系引起，然后再对其他常见故障进行分析。

变速器的常见故障部位主要有同步器、自锁装置、互锁装置、轴承、花键等。

变速器的常见故障主要包括变速器换挡困难或挂不上挡、变速器跳挡、变速器乱挡、变速器卡挡、变速器漏油和变速器异响。

2. 变速器换挡困难或挂不上挡

（1）故障现象

变速器不能顺利地挂入挡位，往往伴有齿轮撞击声，或完全不能挂上挡。

（2）故障主要原因及处理方法

造成变速器换挡困难或挂不上挡的根本原因是汽车换挡时待啮合齿的圆周速度不相等，换挡拨叉移动时的阻力过大。具体原因及处理方法如下。

① 离合器调整不当或分离不彻底，应予以调整检修。

② 变速杆弯曲变形或操纵机构调整不当，应予以调整检修。

③ 拨叉轴弯曲变形，与导向孔配合过紧或因缺油锈蚀，应予以调整检修。

④ 同步器滑块塞堵，应予以更换。

⑤ 自锁、互锁装置卡死，应予检修等。

（3）故障诊断方法

换挡手柄的进挡感觉明显而不能顺利换挡，由拨叉的固定销钉脱落造成；没有明显的进挡感觉，则应检查自锁互锁装置是否卡死，换挡操纵机构杆件是否弯曲变形。

换挡时有异响，在排除了离合器分离不彻底的原因后，应检查同步器是否损坏，润滑油油量是否充足或质量是否合格。

图 6-1 所示为变速器换挡困难或挂不上挡常见故障原因诊断流程。

3．变速器跳挡

（1）故障现象

在汽车行驶过程中，尤其是加速或爬坡时，变速杆自动跳回空挡位置。

（2）故障主要原因及处理方法

造成变速器跳挡的根本原因是啮合齿轮在传力时产生较大的轴向作用力从而脱离啮合位置；或啮合齿轮未能全齿长啮合，当载荷突变时导致跳挡。具体原因及处理方法如下。

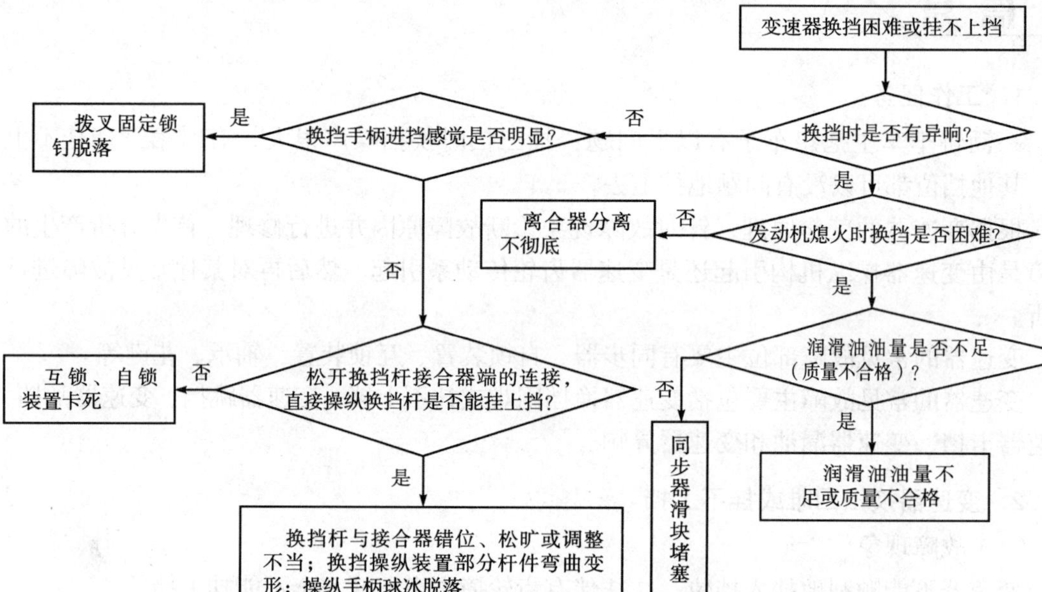

图6-1　变速器换挡困难或挂不上挡常见故障原因诊断流程

① 操纵装置变形或松旷，应予以调整检修。

② 接合器与换挡器连接调整不当，应予以调整。

③ 拨叉弯曲或磨损，应予以修理或更换。

④ 自锁装置失效，应予以修复或更换。

⑤齿轮轴向间隙过大，应予以调整。

⑥ 相啮合的齿轮在啮合部位磨损成锥形，应予以更换。

⑦ 同步器接合齿圈磨损，应予以更换等。

（3）故障诊断方法

检查操纵机构，确定故障是否由于操纵机构杆件变形、松旷或接合器与换挡杆连接调整不当引起。若否，则检查拨叉是否弯曲，自锁装置是否失效，齿轮间隙是否过大，同步器齿圈是否装反等。

图 6-2 所示为变速器跳挡常见故障原因诊断流程。

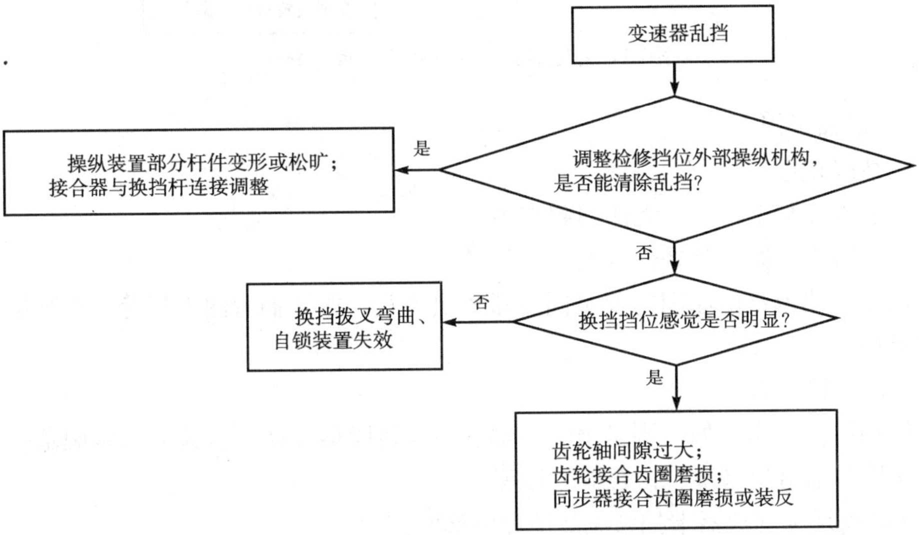

图6-2　变速器跳挡常见故障原因诊断流程

4．变速器乱挡

（1）故障现象

变速器实际挂入的挡位与应该挂入的挡位不符，或原挡未退出仍然能挂上另一个挡。

（2）故障主要原因及处理方法

① 操纵机构部分杆件变形或连接松动，应予以检修。

② 变速杆下端面磨损过多，造成长度不足，应予以更换。

③ 互锁装置失效，应予以修复。

④ 手柄支承球头座松动，应予以检修或更换。

（3）故障诊断方法

检查手柄是否可靠连接，操纵装置的杆件是否有变形或松动现象，若否，则应检查互锁装置是否漏装或失效等。

图 6-3 所示为变速器乱挡常见故障原因诊断流程。

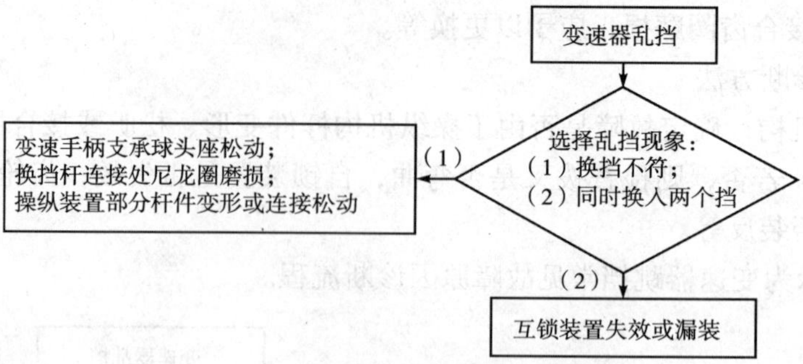

图6-3　变速器乱挡常见故障原因诊断流程

5．变速器卡挡

（1）故障现象

变速器卡在某个挡位，无法回到空挡。

（2）故障主要原因及处理方法

造成变速器卡挡的原因主要是同步器滑块堵塞、拨叉轴弯曲卡死等，应视情况予以修理或更换。

（3）故障诊断方法

若换挡手柄操作自如，则是由于一轴后端卡簧脱落或换挡拨叉开口销脱落；若否，则是由于同步器滑块堵塞、接合器变形等。

图 6-4 所示为变速器卡挡常见故障原因诊断流程。

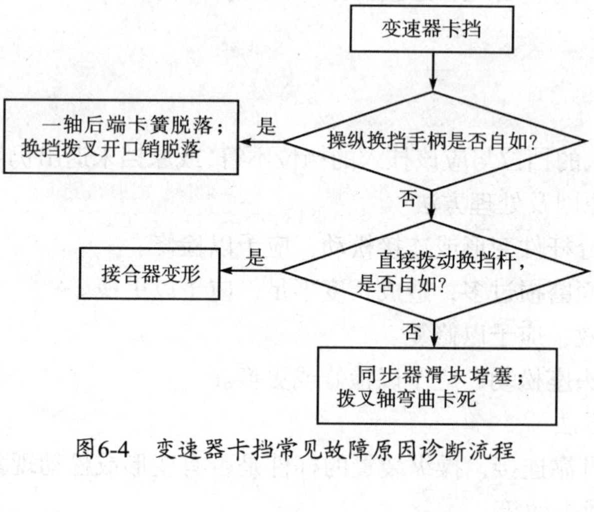

图6-4　变速器卡挡常见故障原因诊断流程

6．变速器漏油

（1）故障现象

变速器内的润滑油从变速器盖、前后轴承盖等处渗漏出来。

（2）故障主要原因及处理方法

① 润滑油过多，应调整到规定高度。

② 通气孔堵塞，应予以清洁。

③ 油封损坏，应予以更换。

④ 接合面变形，应予以修理。

⑤ 连接螺栓松动，应予以紧固或更换。

⑥ 密封垫或胶失效，应予以更换。

⑦ 壳体有裂纹，应予以焊补等。

（3）故障诊断方法

检查油平面是否过高，通气孔是否堵塞，油封是否损坏，壳体是否有裂纹等。

图 6-5 所示为变速器漏油常见故障原因诊断流程。

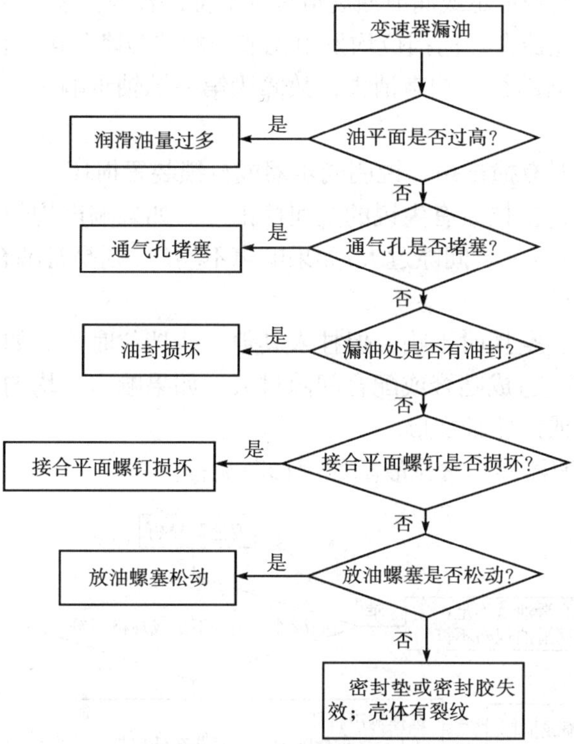

图6-5　变速器漏油常见故障原因诊断流程

6．变速器异响

（1）故障现象

变速器在工作过程中发出不正常的响声。

（2）故障主要原因及处理方法

造成变速器异响的根本原因是轴承等因磨损、损坏、润滑不良而造成松旷；齿轮或花键等啮合不正确。具体原因及处理方法如下。

① 变速器缺油或润滑油规格不符，应选用正确的润滑油，并调整到规定高度。

② 齿轮轮齿磨损严重，啮合间隙过大，应予以更换。

③ 齿轮内孔磨损严重，配合松旷，应予以更换。

④ 齿轮轮齿折断或齿面剥落、缺损，应予以更换。

⑤ 齿轮端面跳动超标，应予以更换。

⑥ 轴承磨损严重，引起内外圈松动或滚珠（针）碎裂。

⑦ 第一、二轴和中间轴弯曲变形，应予以校正或更换。

⑧ 花键过度磨损，应予以更换。

⑨ 自锁装置损坏，应予以修复。

⑩ 同步器滑块堵塞，应予以修复或更换等。

（3）故障诊断方法

检查润滑油油量是否不足或润滑油规格是否不符，若否，按下列响声特征判断故障：

汽车行驶中，变速器在任何挡位均发出无节奏的“轰隆”声，且车速越快响声越大，但在空挡时踩下离合器踏板，响声消失，故障为第一轴轴承响；如果空挡时不响，故障为第二轴或中间轴响。

汽车行驶中挂挡时有撞击声，说明同步器或自锁装置损坏。

发动机怠速运转，空挡时有尖锐的金属撞击声。如果响声均匀，则是常啮合齿轮齿面磨损过多，造成啮合或配合间隙过大；如果响声不均匀，则是常啮合齿轮齿面损伤变形，齿轮折断或齿轮轴变形。

发动机怠速运转，空挡时不响，但挂入其他一些挡位时响。如果响声均匀，是相应挡齿轮齿面磨损过多，造成啮合或配合间隙过大；如果响声不均匀，是相应挡齿轮齿面损伤变形，齿轮折断或齿轮轴变形。

图 6-6 所示为变速器异响常见故障原因诊断流程。

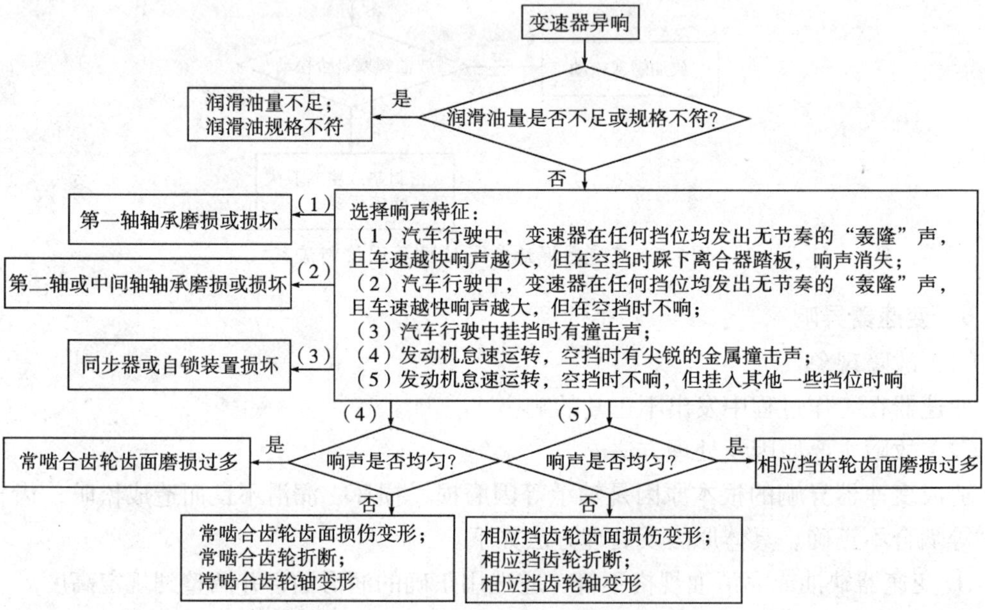

图6-6　变速器异响常见故障原因诊断流程

计划

制订检查变速器故障的工作计划，填入下表。

检查变速器故障的工作计划		
序　号	工作步骤	工具/辅具
1	检查变速器各部件	
2	拆装、测量	
3	调试、安装	
4	检查安装情况	

实施

① 进行修理。

② 对维修服务工作进行记录，形成文件。

检验

① 对检测结果进行评价。

② 就以下几个方面标准要求给客户提供咨询：

—— 修理措施

展示

复习与回顾本次任务中学到的知识与技能。

工作任务 7

变速器油的处理

导 向

工作任务

一维修人员在修理一台摩擦片烧蚀的变速器后，汽车恢复正常行驶，却连续出现烧蚀头一组行星齿轮机构的故障，每隔 3 000km 左右就烧蚀一组行星齿轮机构。而负责这组行星齿轮机构连接与固定的离合器和制动器却工作正常。

结合变速器构造及工作状况分析如下：自动变速器在发生离合器和制动器烧蚀摩擦片后，剥落的摩擦材料会随着油液循环流动，较多的剥落摩擦材料一旦进入液力变矩器就容易发生以上故障。

自动变速器内部有两个进油口，一个在油底壳内，有机油滤清器保护，另外一个在变矩器内的变速器输入轴上，没有滤清器保护。输入轴上的进油口同润滑油道连接，负责行星齿轮机构的润滑。该油道堵塞后会造成距离变矩器最近的一组行星齿轮机构发生烧蚀。而离合器和制动器是在工作后释放一部分工作油压进行润滑的，所以润滑油道的堵塞对它们没有影响。

信 息

1. 自动变速器的组成

自动变速器主要由液力变矩器、行星齿轮机构、液压控制系统、冷却系统和电控系统组成，其特点是根据发动机的负荷和车速，或根据驾驶员的意愿，在不中断动力的前提下自动变换挡位。在自动变速器的维修中，因油液的问题引发的故障一直占据很高的比例。

2. 自动变速器油液

普通自动变速器油由 85% ～ 90% 的基础油和 10% ～ 15% 的添加剂组成。自动变速器油为多级黏度产品。在自动变速器油的成分中，基础油是自动变速器油的最大组成部分，对自动变速器油的性能有很大的影响，对黏温性、氧化性和泡沫性这三个重要的方面有较大的影响。其中最重要的是低温流动性，这和基础油的含蜡程度有关，含蜡量越少低温的黏度特性（流动性）越好。

3. 自动变速器油的主要作用和对油液的具体要求

自动变速器油的主要作用有液力传动、压力传动、润滑、散热、清洁、缓冲、减速、变矩器锁止、密封等。要完成上述任务，自动变速器油必须使用多种添加剂。自动变速器油的添加剂是车用油液中最苛刻的，有 20 多种，如清净分散剂、防腐剂、抗磨剂、抗氧化剂、泡沫抑制剂、橡胶膨胀剂、染色剂等。

在汽车传动系中自动变速器的工作温度最高，自动变速器的正常工作温度为 90 ～ 105℃，离合器和制动器摩擦表面的工作温度接近 200℃，在如此高温下自动变速器油要保持黏度适中。自动变速器油在高温下要保持足够的黏度，在基础油中要添加分子链较长的油溶性黏度指数改进剂。黏度指数改进剂在低温下紧密地绕成盘状，对黏度影响较小，当温度升高后，分子链伸长，油的黏度增加。但是其也有消极的一面，当黏度下降、油液氧化后，黏度指数改进剂会变成沉积物，造成控制阀中的滑阀、蓄压器中的活塞、电控系统电磁阀的柱塞等发生卡滞，有时还会堵塞主油压电磁阀的滤网，导致许多故障。

4. 自动变速器油质量的分析

（1）自动变速器油正常的颜色

正常的自动变速器油颜色除大众公司使用的“VWATF 专用油”为淡黄色外，其余均为红色油液。

（2）自动变速器油变成粉红或者白色

自动变速器油变成粉红或者白色，说明自动变速器油被水污染，应检查散热器是否发生泄漏。

（3）自动变速器油变成褐色

自动变速器油变成褐色，油液呈黏糊状，有焦煳味，说明油液已经氧化，产生积碳。具体有以下几种可能：

① 油液使用时间过长导致油液氧化；

② 离合器或制动器开始烧蚀。

（4）自动变速器油变黑

自动变速器油变黑，油中带有颗粒和杂质，有恶臭，则说明离合器或者制动器不仅烧蚀严重，而且摩擦材料已经开始剥落，离合器或者制动器所负责的挡位已经丧失。

计 划

1．自动变速器的清洗

自动变速器的离合器和制动器一旦发生烧蚀，一定要彻底清洗变速器内的蓄压器、变速器的冷却系和液力变矩器。

（1）变速器内蓄压器的清洗

用化油器清洗剂将蓄压器系统清洗干净，再用压缩空气吹干，换上新的密封圈，涂上新的变速器油，装上即可。

（2）变速器冷却系的清洗

基本放完油后，拆下冷却系的进油管和回油管，用 400kPa 的压缩空气，从进油管往回油管逆向回压，用压缩空气将冷却系内的污物全部清除干净。

（3）液力变矩器的清洗

液力变矩器内过脏，在未进入锁止工况前由于和润滑油道相通，变矩器里的粉末一旦堵塞了润滑油道，就会造成行星齿轮机构发生早起磨损。在进入锁止工况后由于和控制阀相通，变矩器里的粉末一旦进入控制阀，则控制阀上的滑阀、电磁阀，以及与之相通的蓄压器都有可能发生卡滞。变矩器锁止离合器和变矩器壳之间过多的粉末，造成摩擦力矩不足，变矩器输出转矩不足，导致变速器内高挡离合器发生早起磨损。

2．液位高度的检查

（1）用油尺检查液面

凡是用油尺检查液面的，汽车停在平地上，变速器为正常工作油温，换挡手柄在每个挡位停留 3 ～ 5s，使控制阀内充满油，最后保持在 P 位，不同挡位液面高度不一致，P 位油液液面最高，又有驻车制动。油尺为双刻度线的，油液液面应在油尺的两个刻度线之间。油尺为三刻度线或四刻度线的，热车状态下油液液面高度应在 HOT 范围内；冷车状态下油液液面高度应在 COOL 范围内。

（2）用溢流管检查液面

德国大众和法国的自动变速器用溢流管检查液面高度时应注意达到要求的工作温度。

制订检查变速器油的工作计划，填入下表。

检查变速器的油工作计划

序　号	工 作 步 骤	工具/辅具
1	检查油封及各工作面	
2	检查液位高度	
3	观察油液颜色	
4	更换，加注新油液	

实 施

① 进行处理。

② 对处理工作进行记录，形成文件。

工作任务 8

自动变速器的诊断和修理

导 向

1. 工作任务

一位客户说他的轿车自动变速器有问题，在所有换挡过程中发动机的转速与已达到的速度相比要高很多而且耗油量也比平时大；另外，很长一段时间以来车子停在车库中发动机或者变速器范围内有油漏出。请诊断故障原因并排除功能故障。

2. 基础知识

1）自动变速器概论

（1）自动变速器的特点

普通手动变速器（MT）存在设计缺陷。

变速器在汽车传动系统中主要起改变扭矩和方向的作用。传统的手动变速器（MT）虽然能满足汽车行使的基本要求，但存在以下不足：

① 换挡操作劳动强度大，增加了行车不安全因素。

② 换挡操作产生动载荷，影响了发动机和传动系统的使用寿命。

③ 换挡的最佳时机不易把握，影响了汽车的行驶动力和增加了油耗。

④ 换挡操作带来的不平稳，影响了乘坐的舒适性。

为解决 MT 存在的不足，汽车设计工程师们研制了各种各样的自动变速器（AT 与 EAT），以适应汽车行驶安全、舒适、节能的要求。它们具有如下特点：

① 提高了汽车的使用寿命。

② 操作轻便、简单，提高了行车安全性。

③ 提高了汽车的动力性、通过性、平稳性。

④ 减少了废气污染和降低了油耗。

但是，自动变速器的结构紧凑且较复杂，成本较高，维修技术也高。

（2）自动变速器的分类

① 按驱动方式分：

a. 前轮驱动的自动变速器，也称自动变速驱动桥（见图 8-1）。

b. 后轮驱动的自动变速器（见图 8-2）。

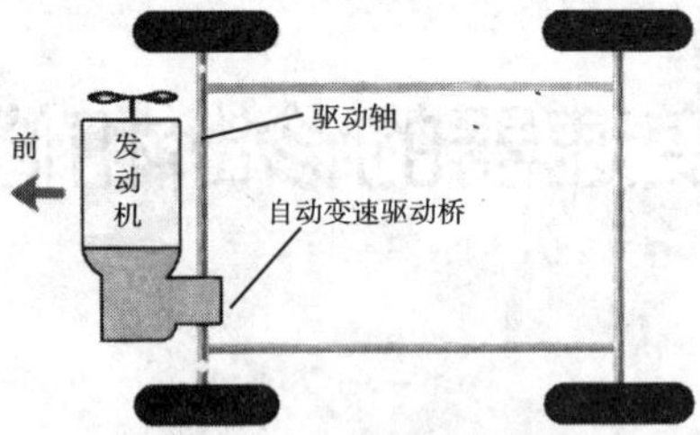

图8-1　自动变速驱动桥

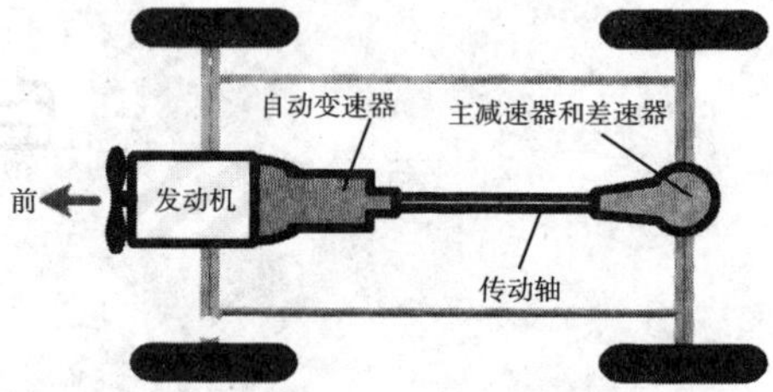

图8-2　自动变速器

② 按自动变速器前进挡的挡位数分：

3 前进挡、4 前进挡、5 前进挡、6 前进挡、7 前进挡等。

③ 按驾驶员的操作方式分：

自动换挡（见图8-3）、自动/手动换挡（见图8-4）。

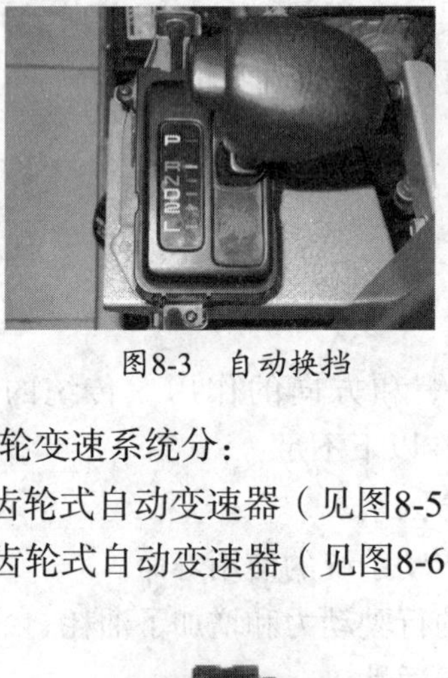

图8-3　自动换挡

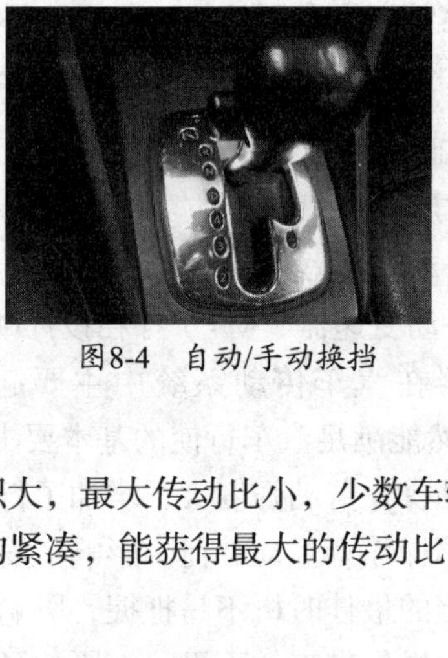

图8-4　自动/手动换挡

④ 按齿轮变速系统分：

a. 普通齿轮式自动变速器（见图8-5）：体积大，最大传动比小，少数车辆采用。

b. 行星齿轮式自动变速器（见图8-6）：结构紧凑，能获得最大的传动比，大多数车辆采用。

图8-5　普通齿轮式自动变速器

图8-6　行星齿轮式自动变速器

⑤ 按控制方式分：

全液力控制自动变速器（AT），见图 8-7；电控液力控制自动变速器（EAT），见图 8-8。现在绝大多数使用的是电控液力控制自动变速器。

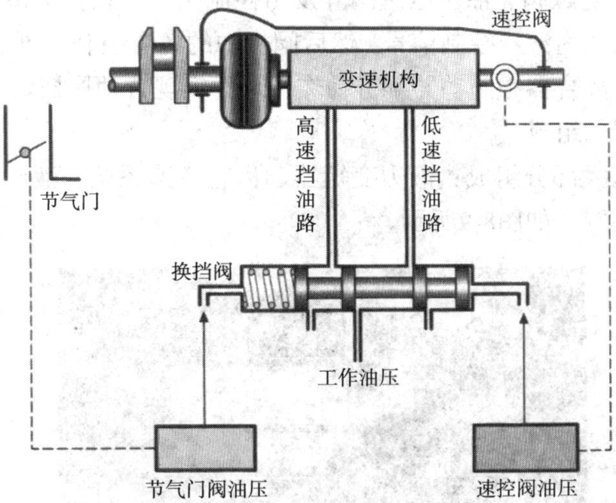

图8-7　全液力控制自动变速器

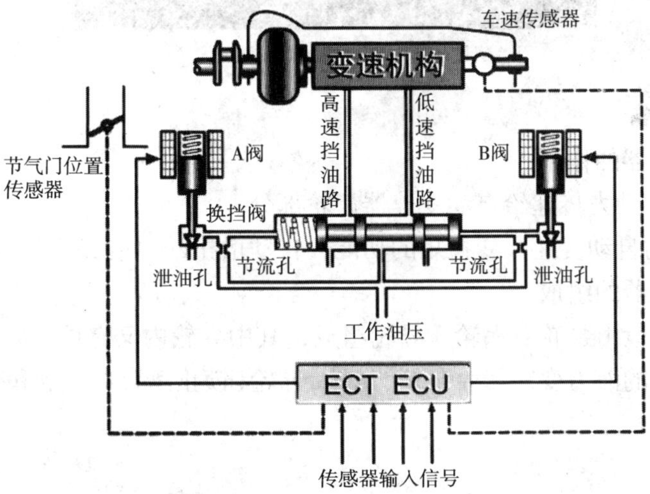

图8-8　电控液力控制自动变速器

（3）AT 与 EAT 的工作原理

① AT 的工作原理：

通过机械手段将汽车行驶时的节气门开度和车速的变化这两个参数变为液压控制信号，阀板中的各个控制阀再根据这些液压信号按照设定的换挡规律，通过控制换挡执行元件（离合器、制动器等）动作，实现自动换挡。

② EAT 的工作原理：

在 AT 的基础上，利用计算机控制技术实现自动换挡的新型液力自动变速器，通过各种传感器将发动机转速、节气门开度、发动机水温、车速及自动变速器油温等参数信号转变成电信号输入变速器电控单元（EAT/ECU），电控单元根据这些电信号按照设定的换挡规律，向换挡电磁阀、油压电磁阀等发出控制指令，换挡电磁阀和油压电磁阀再将电控单元的指令转变为液压控制信号，然后阀板中的各个控制阀再根据这些液压信号，控制换挡执行元件（离合器、制动器等）动作，从而实现自动换挡。

（4）自动变速器的组成

自动变速器由五大部分组成：液力变矩器、齿轮变速系统、液压控制系统、电子控制系统、人机联动装置，如图8-9所示。

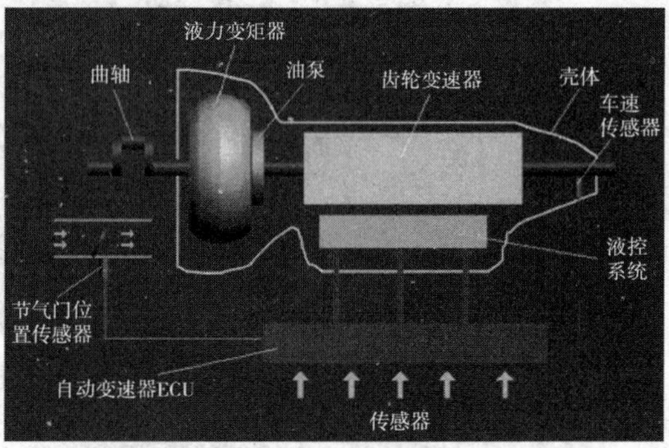

图8-9　自动变速器的组成

2）液力变矩器

（1）液力变矩器的作用

① 将发动机的动力传递给自动变速器齿轮部分。

② 具有一定的自动变速和变扭矩的功能；自动增扭2～4倍。

（2）液力变矩器的组成

液力变矩器一般由泵轮、涡轮、导轮组成，其中导轮内又有单向离合器。

带锁止离合器的液力变矩器由泵轮、涡轮、导轮、锁止离合器压盘和变矩器壳等组成，如图 8-10 所示。

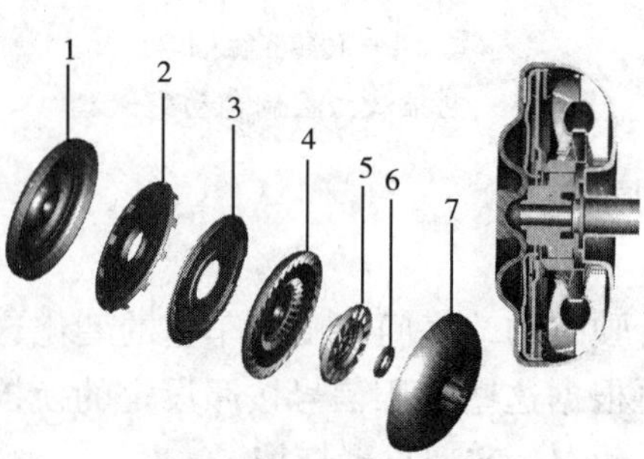

1—变矩器壳；2—锁止离合器片；3—锁止离合器减振器；4—涡轮；5—导轮；6—单向离合器；7—泵轮

图8-10　液力变矩器的组成

（3）液力变矩器的结构

① 泵轮：泵轮与变矩器壳体连成一体，其内部径向装有许多扭曲的叶片，叶片内缘装有让变速器油液平滑流过的导环。变矩器壳体与曲轴后端的驱动盘相连接。

② 涡轮：涡轮上也装有许多叶片。但涡轮叶片的扭曲方向与泵轮叶片的扭曲方向相反。涡轮中心有花键孔与变速器输入轴相连。

泵轮叶片与涡轮叶片相对安装，中间有 3 ～ 4mm 的间隙。

③ 导轮：导轮位于泵轮与涡轮之间，通过单向离合器安装在与自动变速器壳体连接的导管轴上。它也是由许多扭曲叶片组成的。

④ 单向离合器：作用是为了防止变矩器高速定转时发生降扭矩的现象。类型有滚珠式和锲块式，其中锲块式广泛使用，其结构与工作原理如图8-11和图8-12所示。

a．内座圈固定，外座圈顺时针转动（见图 8-11）。

b．内座圈固定，外座圈逆时针转动（见图 8-12）。

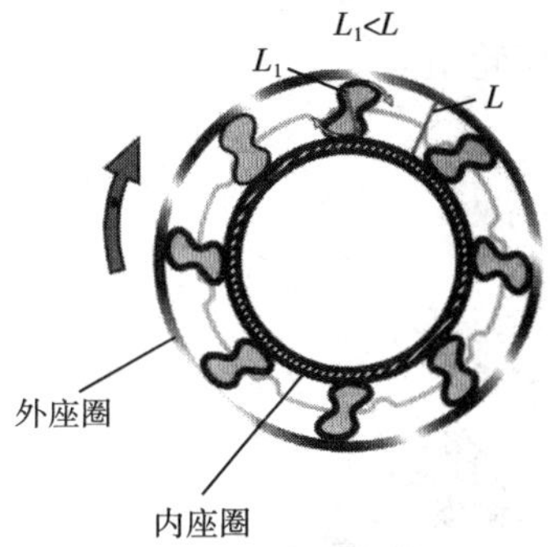

图8-11　锲块式单向离合器—未锁止

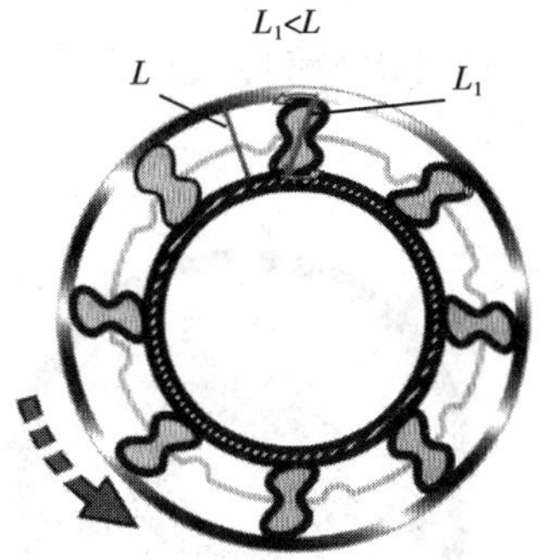

图8-12　锲块式单向离合器—锁止

⑤ 锁止离合器：作用是使泵轮与涡轮形成刚性连接；充分利用发动机功率，降低油耗。锁止时机是车速大于50km/h时。

图8-13和图8-14分别为锁止离合器未工作和工作时的示意图。

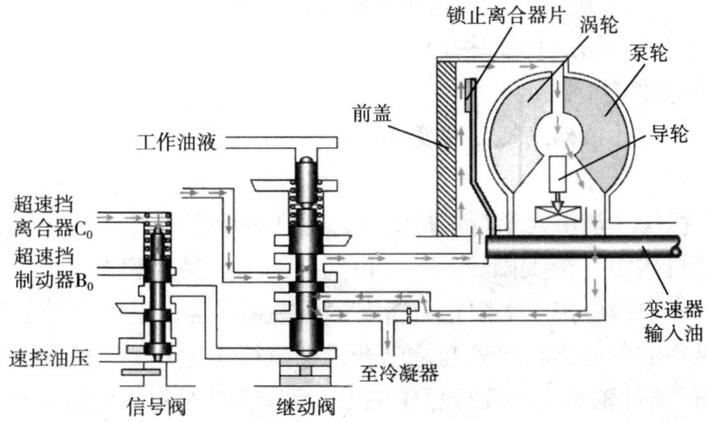

图8-13　锁止离合器未工作

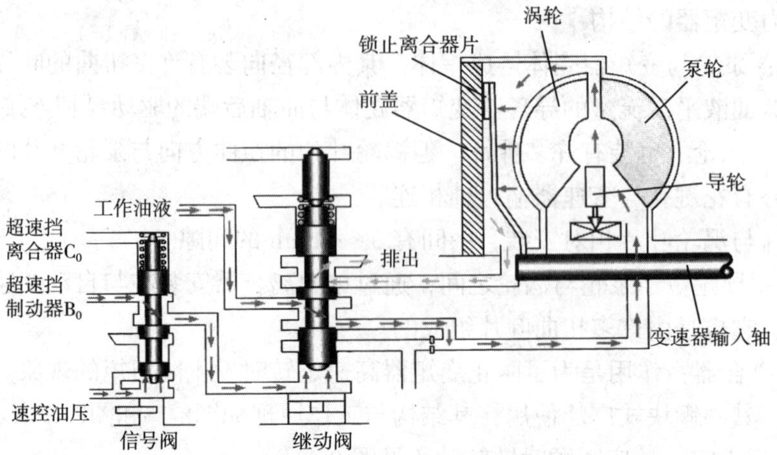

图8-14　锁止离合器工作

3）齿轮变速系统

以行星齿轮机构为例，如图 8-15 所示为单排行星齿轮机。

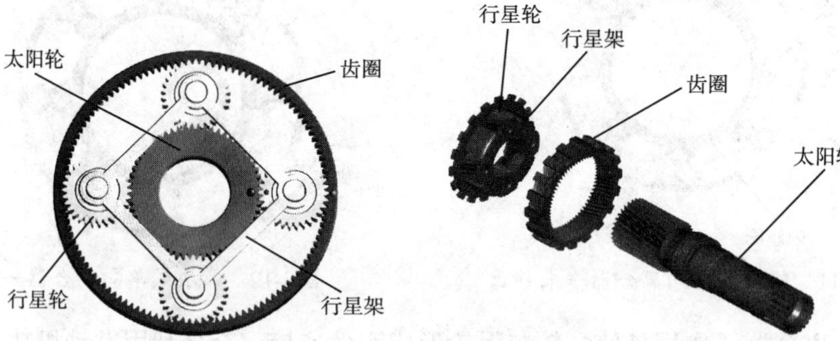

图8-15　单排行星齿轮机

（1）行星齿轮机构的作用

a．在变矩器的基础上进一步增加扭矩来满足汽车的使用要求。减速增矩 2 ～ 4 倍。

b．改变传动比和传动方向，即构成不同的挡位。

c．实现挡位的变换。

（2）行星齿轮机构的结构、特点及变速原理

① 结构

行星齿轮变速机构一般由几个行星排组成。通常一个变速器至少有两个行星排。

单排行星齿轮机构由一个太阳轮、一个齿圈、一个行星架和支撑在行星架上的几个行星轮组成，称为一个行星排。太阳轮、齿圈、行星架称为行星排的三个基本元件。

太阳轮位于机构的中心，行星轮与之啮合，同时行星轮外侧同齿圈啮合。通常行星轮有 3 ～ 6 个，通过滚针轴承安装在行星轮轴上，行星轮轴对称或均匀安装在行星架上。行星轮机构工作时，行星轮除绕行星轮轴自转外，同时还绕太阳轮公转。行星轮绕太阳

轮公转时，行星架也绕太阳轮旋转。在行星轮系中，太阳轮、行星轮、齿圈都是常啮合状态。太阳轮、行星架和齿圈三者的轴线同轴，而行星轮轴则可绕前三者的轴线旋转，故行星齿轮变速器又称为旋转轴式变速器。

② 特点

a．它们都是同心的，即围绕公共轴线旋转。这样能取消如手动变速器所使用的中间轴和中间齿轮。

b．使用称为制动器的部件，夹持其中部件之一使其固定，以获得不同的传动比，然后部件之一用于传动，第 3 个部件用做从动部件。

c．行星齿轮始终相互啮合，即不存在因换挡不良或啮合不正确而造成滑脱现象，以致造成齿轮齿损坏或磨损。

d．通常，行星齿轮比手动变速器的齿轮更为小型、紧凑，其载荷被分配到数量众多的齿上。

③ 行星齿轮机构传动比的确定

注意：单行星排若要组成不同的传动比，必须使单行星排中的太阳轮、齿圈、行星架三个基本元件中的任一元件固定（制动），其余两个元件一个作为主动件，另一个作为从动件。

行星齿轮机构的传动比可由下列公式获得（见图8-16）：

$$传动比=\frac{从动部件齿数}{主动部件齿数}$$

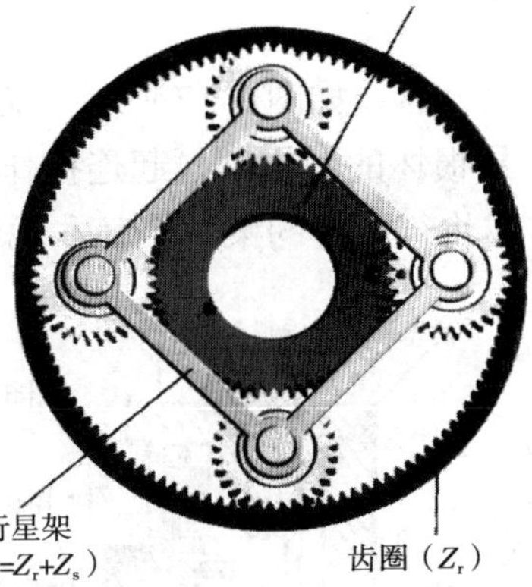

图8-16　行星齿轮机传动比

因为小齿轮始终用做中间齿轮，它们的齿数与行星齿轮机构的传动比无关。因此，行星齿轮机构的传动比取决于齿轮架、内齿圈和太阳轮的齿数，由于齿轮架并非齿轮没有齿，因此在计算传动比时对齿轮架指定一个想象的齿数。

行星架的齿数（Z_c）可由下列公式获得：

$$Z_c=Z_r+Z_s$$

Z_c = 齿轮架齿数（大）；

Z_r = 内齿圈齿数（中）；

Z_s = 太阳轮齿数（小）。

这是一种简便、直观的公式，作为旋转轴式齿轮系传动比计算的改革，又是定轴式齿轮系传动比计算的发展和延续。

④ 行星齿轮机构单行星排的变速原理

a．固定齿圈，太阳轮主动、行星架从动——同向、降速。

b．固定齿圈，行星架主动、太阳轮从动——同向、增速。

c．固定太阳轮，齿圈主动、行星架从动——同向、降速。

d．固定太阳轮，行星架主动、齿圈从动——同向、增速。

e．固定行星架，太阳轮主动、齿圈从动——反向、降速。

f．固定行星架，齿圈主动、太阳轮从动——反向、降速（不使用）。

g．连接任意两个元件，行星齿轮不能自转，输入轴与输出为一体——直接挡。

h．一个主动件，其他两个元件自由，行星齿轮系空转，不传动，以便启动——空挡。

i．锁住输出元件或输出轴，输入轴和行星齿轮系只能空转，汽车不能行驶，以便启动或坡道起步——停车挡。

注意：汽车常用的为a、c、d、e、g、h、i几种方案。

⑤ 换挡执行机构

换挡执行机构主要是指液压离合器和制动器等，它们在液压控制系统的控制下，根据汽车的不同行驶条件，改变行星轮系各构件的运动状态，从而得到不同的变速挡位。

a．液压离合器（C）

一般多采用多片湿式摩擦离合器，如图 8-17 所示。是液力自动变速器中重要的换挡执行元件之一，也是使用中最易损坏的易损件。起连接作用，即将行星齿轮系的输入轴和行星排的某个基本元件连接或将行星排的某两个基本元件连接在一起。

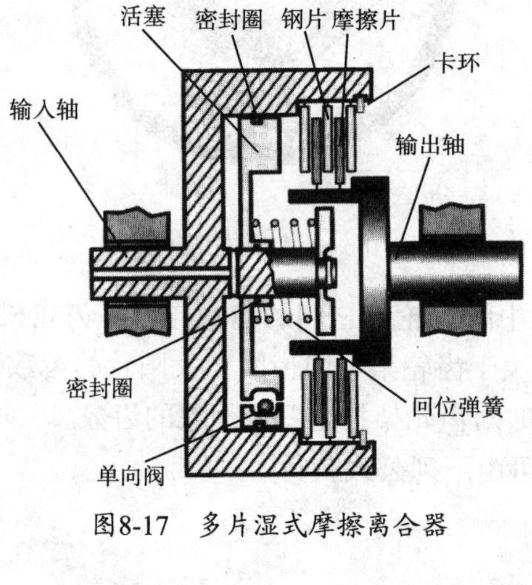

图8-17　多片湿式摩擦离合器

b. 制动器（B）

目前自动变速器中应用最多的是单带式制动器（见图 8-18）和多片式制动器（见图 8-19）。用于换挡，故也叫换挡制动器。即将行星排中的太阳轮、齿圈、行星架三个基本元件中的一个加以固定，使之不能旋转（与壳体连接）。

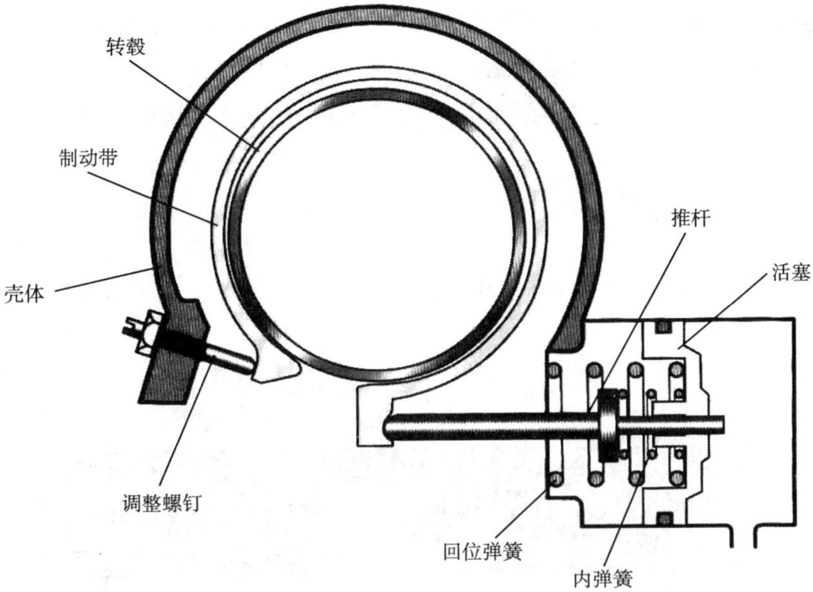

图8-18　单带式制动器

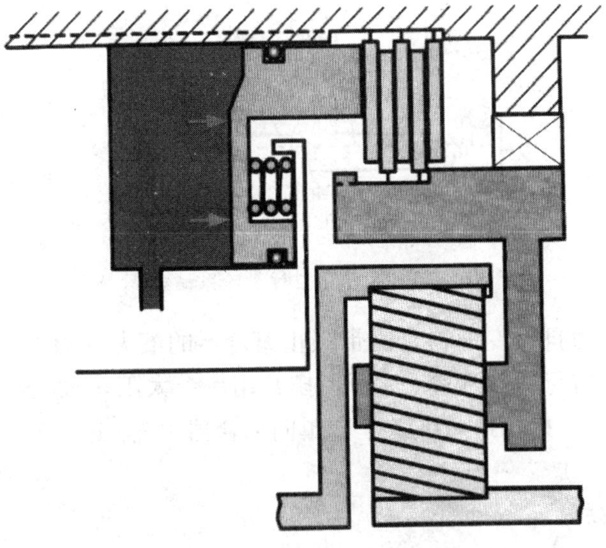

图8-19　多片式制动器

c．单向离合器（F）

与离合器和制动器的作用基本相同，但是依靠单向原理来实现固定或连接作用（其固定、连接也只是单向的）。

单向离合器早已成为液力自动变速器行星轮系变速器广泛应用的换挡执行元件，它能在换挡过程中当行星轮机构和与之相连接的元件受力方向改变时立即脱开，从而可大大简化液压控制系统的油路。因此单向离合器也是液力自动变速器中一个重要的换挡执行元件。

4）典型自动变速器行星轮系介绍

典型的自动变速器行星轮系有辛普森型（SIMPSON），拉维娜型（RAVI-GNEAUX），又称组合式行星轮系。

（1）辛普森型行星轮系

① 总体构造

辛普森型行星轮系的结构如图 8-20 所示。

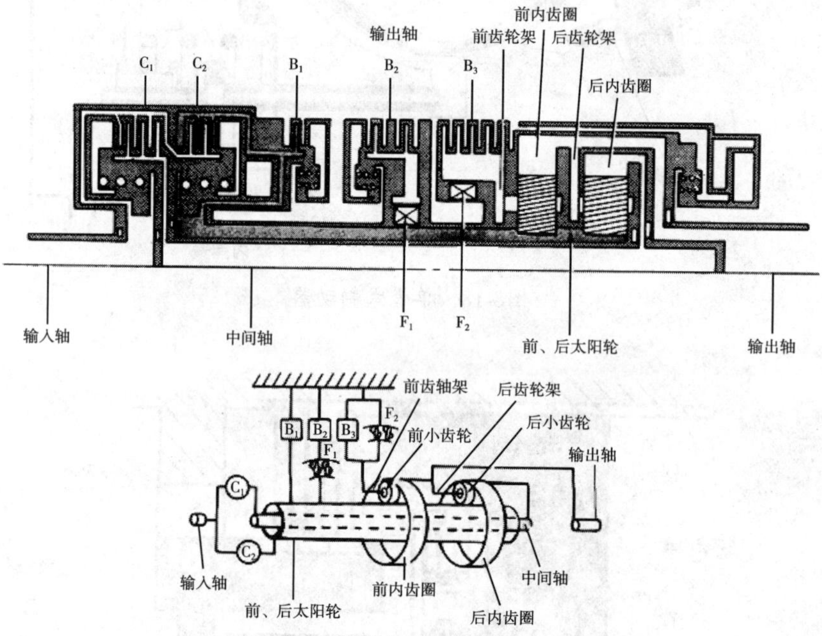

图8-20　辛普森型行星轮系结构

A341E 型电控液力自动变速器是由带锁止离合器的液力变矩器、三套行星排（O/D 行星排、前行星排、后行星排，前\后行星排共用一个太阳轮）、三套离合器（C_0、C_1、C_2）、四套制动器（B_0、B_1、B_2、B_3）、三套单向离合器（F_0、F_1、F_2）等组成的四速电控液力自动变速器（EAT）。

② 换挡杆位置解释

自动变速器的换挡手柄有 6 ～ 7 个位置，以 P、R、N、D、2、L 为例，说明各挡位可以提供的功能。

a．P 挡为停车挡，又叫锁止挡，在此挡位变速器输出轴被强制性锁止。发动机仅在 P、N 两挡时可以启动。

b．R 挡是倒挡，与手动变速器相同。

c．N 挡是空挡，在 N 挡可以启动发动机。

d．D、2、L 挡都是前进挡，但在使用时各挡的功能是有差异的。

➢ D挡：可以在全部传动比中选择最合适的一个，并随行驶条件的变化而自动完成升/降挡的动作。D挡是使用频率最高的挡位。

➢ 2挡：俗称滑行挡。换挡手柄在此位置，一般不能升入最高挡位，此挡一般在弯道较多的下坡山路中使用。

➢ L 挡：低速挡，一般仅在冰雪路面、松软土路或根本无路的情况下使用。L 挡通常只升一次挡或根本不升挡。

③ 行星齿轮变速系统的结构、变挡规律与传动路线

a．各元件结构如下。

C_0：O/D离合器，（将O/D挡太阳轮与O/D行星架连接）。

C_1：前进离合器，（将输入轴与前行星齿轮机构的齿圈连接）。

C_2：直接离合器，（将输入轴与前、后太阳轮连接）。

B_0：O/D制动器，（固定O/D太阳轮）。

B_1：二挡滑行制动带，（固定前、后太阳轮）。

B_2：二挡制动器，（固定F1的外圈，防止前、后太阳轮逆时针转动）。

B_3：一、倒挡制动器，（固定后行星架）。

F_0：O/D单向离合器，（防止C0早期损坏）。

F_1：一号单向离合器，（当B2工作时，防止前、后太阳轮逆时针转动）。

F_2：二号单向离合器，（防止后行星架逆时针转动）。

b．各挡的变挡规律与传动路线如下。

D_1挡=C_0+C_1

D_2挡=$C_0+C_1+B_2$

D_3挡（直接挡）=$C_0+C_1+C_2$

O/D挡（超速挡）=$B_0+C_1+C_2$

R挡=$C_0+C_2+B_3$

（2）拉维娜型行星轮系

① 总体构造

拉维娜型行星轮系的结构如图 8-21 所示。

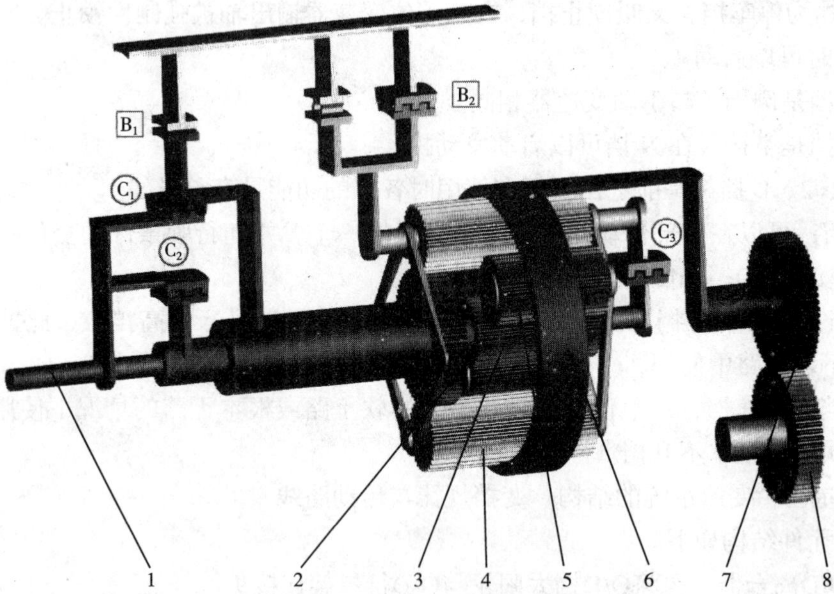

1—输入轴；2—大太阳轮；3—小太阳轮；4—长行星轮；5—短行星轮；6—齿圈；7—输出齿轮；8—主减速器齿轮

图8-21　拉维娜型行星轮系结构

B1-1号制动器：制动大太阳轮；

B2-2号制动器：制动行星架；

F-单向离合器：限制行星架逆时针方向转动；

C1-1号离合器：连接输入轴与大太阳轮；

C2-2号离合器：连接输入轴与小太阳轮；

C3-3号离合器：连接输入轴与行星架。

② 各挡工作状态及传动路线

$D_1=C_2+F$

$D_2=C_2+B_1$

$D_3=C_1+C_2+C_3$

$D_4=B_1+C_3$

$R=C_1+B_2$

5）液压控制系统

（1）液压控制系统的作用

① 实现对自动变速器的自动换挡操纵控制。

② 为液力变矩器提供补偿压力油，并实现变矩器锁止与解锁的自动控制。

③ 保证自动变速器各部机件的润滑。

④ 控制液力自动变速器工作中的温度，实现循环冷却，保持工作油液的正常工作温度（50～80℃）。

⑤ 改善工作油液的品质，滤清杂质，减少磨损。

（2）液压控制系统的组成

① 供油系统

包括油泵、主油压调节阀（主调压阀）、二次调压阀（液力变矩器补偿调节阀）、单向阀、油箱、滤油器、油冷器等。

② 调压机构

包括速度调压阀（速控阀）、节气门调节阀（节气门阀）。

③ 换挡控制机构

包括手动换挡阀、换挡阀、强制低挡阀。

④ 换挡执行机构

包括液压离合器、液压制动器。

⑤ 辅助装置

包括蓄能器、随动阀、顺序动作阀、缓冲阀、阻尼孔等。

（3）液压控制系统的工作原理

液压控制系统的工作原理如图 8-22 所示。

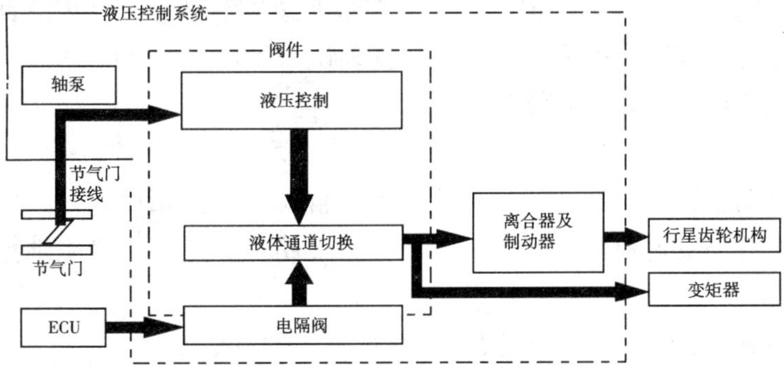

图8-22　液压控制系统工作原理图

（4）自动变速器用油（ATF）

① 油的作用

用于自动变速器液压系统的油液称为自动变速器油（ATF），是为自动变速器专门研制的液压油。其用途是传递压力，驱动制动器、离合器、液力变扭器、冷却变速器和润滑变速器的运动部件。

② 油的成分及型号

ATF 是使用在自动变速器中的液体，其基础油可以是矿物油，也可以是半合成油或合成油。ATF 是含有特殊添加剂的混合液，是能更好地满足流动性和改善变速器摩擦需要的润滑油。

ATF 一般染有红色，这主要是为了在确定泄漏时，帮助区别 ATF 与其他油。矿物型 ATF 为鲜红色，过热而烧焦时颜色变黑，掺水时会变得浑浊不清，呈牛奶色。合成型

ATF 一般为比矿物型油较深的红色，在正常使用后要留心察看颜色和有无烧焦的气味。

ATF 中添加了多种化学添加剂，以保证油液的耐久性和综合性能。锌、磷和硫一般作为降低摩擦的添加剂。ATF 还添加清洁剂，帮助保持变速器部件的清洁，也添加分散剂，以便杂质悬浮在油液中，便于滤清器过滤。

所有被验证过的型号和牌号的 ATF 必须通过制造厂的测试，以保证符合标准。其中一些检验标准适合于所有型号的 ATF，如抗氧化性、腐蚀性、闪点、燃点和抗泡沫性。

由于自动变速器中的一些化学成分可能与变速器油封的纤维或合成材料发生有害的化学反应，因此用于特殊变速器的油液必须进行相容性检验。不相容可能引起油封的变质膨胀和收缩。例如，AL4、5HP19FLE 等变速器使用的油与普通油并不相同，颜色是呈透明的黄色，如果与普通油混用，就可能造成上述现象。因此所有牌号的变速器油都要检验与其他牌号 ATF 的可混合性或相容性。

ATF 有多个级别或型号，每个型号都有特殊的适用范围。变速器油的不同等级起因于不同的添加剂，它们可以增强各种变速器设计要求的工作能力。各汽车制造厂都为其汽车自动变速器指定了专门的 ATF。在选定自动变速器时，对变速器的结构要求和换挡特性的要求都要考虑到。

为了减少变速器的摩擦和磨损，一般大多数变速器油都掺有摩擦改良剂。ATF 的成分也与其黏度有关。应该在维修或换油前认真确认原厂规定的 ATF 牌号。

6）电子控制液压换挡控制系统

（1）概述

电控液力自动变速器（EAT）与全液力控制自动变速器相比较，主要采用电子控制系统取代全液力自动变速器液压系统中的部分控制机构，从而更精确地控制换挡时机和换挡品质。

（2）EAT 与 AT 相比较具有的优点

① 利用计算机控制后，使得液压控制系统大为简化。

② 采用计算机储存并处理换挡规律，使得换挡模式多样化。

③ 计算机控制精度高，反应快且动作准确。

④ 与汽车其他电子控制系统的兼容性好。

⑤ 换挡规律及参数可以通过计算机软件进行修改、设计，调整极为方便。

因此，采用电子控制系统能实现更为复杂、更为合理的控制，进而可以得到更理想的燃油经济性和动力性。

（3）EAT 与 AT 相比较区别

① 在液压控制系统中加入了电磁阀。电磁阀充当着电子控制与液压控制的中介，它接收发自计算机的命令，并转而控制液压油路的通 / 断或切换。

② 节气门开度信号由节气门位置传感器得到，取代了 AT 的节气门阀。

③ 车速信号由车速传感器得到，取代了 AT 的速控阀。

④ 选挡杆不仅与手控阀相连，而且还连接着挡位选择开关，由计算机和手控阀油路共同控制 P、R、N、D、2、L 等挡位的选挡范围。

⑤ 模式开关可以完成不同换挡规律的选择。

（4）电子控制系统的组成

① 信号输入装置（传感器）：主要有节气门位置传感器（TPS）、车速传感器（VSS）、输入轴转速传感器、液压油温度传感器、挡位控制开关、超速挡开关（OD 开关）、换挡模式开关、保持开关、制动开关、发动机冷却液温度传感器、巡航 ECU 等。

② 电控单元（AT/ECU）：完成控制换挡正时、控制锁止正时、其他控制、诊断失效保护等功能。

③ 执行器：包括换挡电磁阀（S）、锁止电磁阀、油压电磁阀。

7）人机联动装置

（1）换挡手柄（见图 8-23）

驾驶员通过换挡手柄可以选择行驶方式，如前进、倒车、空挡或停车。

（2）节气门拉索（见图 8-24）

节气门拉索可以将发动机的负荷准确地传给变速器，通过改变节气门开度来控制车速。

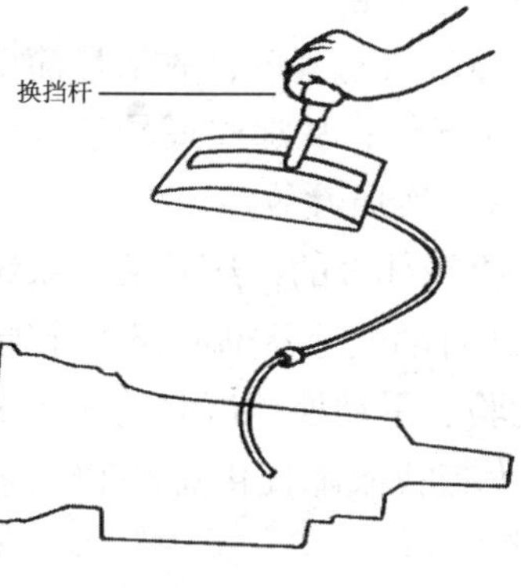

图8-23 换挡手柄

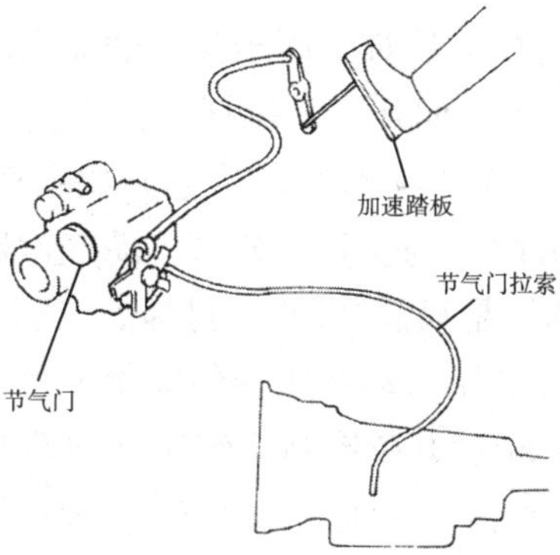

图8-24 节气门拉索

@ 信 息

自动变速器的使用与故障诊断

1）自动变速器的使用

（1）自动变速器油液（ATF）的正确选用与检查更换

① ATF 的正确选用

② ATF 油面高度的检查

静态（普通直齿式）

动态（行星齿轮式）

③ ATF 油质的检查

主要通过 ATF 的颜色、气味、是否有杂质等方面来判断油质。

④ ATF 的更换

每行驶 80 000 ～ 100 000km，更换 ATF。

注意：主要是自动变速器中的ATF是否能完全放净，取决于方法。

（2）自动变速器的选挡操作与换挡控制

挡位顺序的操作与挡位的选择；

松油门提前升高挡；

加速回挡；

强制低挡。

2）自动变速器故障诊断与检修

（1）电子控制自动变速器检测与诊断的总原则

① 分清故障部位。分清故障是发动机微机控制系统还是自动变速器液压控制系统、微机控制系统引起的，抑或是机械系统（液力变矩器或行星齿轮机构）引起的。只有分清了故障部位，才能有针对性地查找故障根源，少走弯路。

② 坚持先易后难、逐步深入的原则。按照故障的难易程度，先从最简单、最容易检查的部位入手，如开关、拉杆、自动变速器油的状况等；从那些最易于接近的部位、易被忽视的部位和影响较大的因素开始；最后再深入到实质性故障。

③ 区分故障的性质。分清自动变速器故障是机械部分的，还是液压系统的，或微机控制系统的；是只需维护就可排除，还是需要拆卸自动变速器彻底修理才能排除的。

④ 充分利用自动变速器各检验项目（基础检验、手动换挡试验、液压试验、失速试验、时滞试验、电液控制系统工作过程检验），为查找故障提供思路和线索。通过这些检验项目的检测，一般可以发现自动变速器的故障所在。

⑤ 充分利用微机控制自动变速器的故障自诊断功能。微机控制自动变速器的电控单元（ECU）内部有一个故障自诊断电路，它能在汽车行驶过程中不断地监测自动变速器控制系统各部分的工作情况，并能检测出控制系统中的大部分故障，将故障以代码的形式记录在 ECU 中。维修人员可以按照特定的方法将故障代码从 ECU 中读出，为自动变速器控制系统的检修和故障诊断提供依据。

⑥ 必须在拆检之后才能确诊的故障，应是故障诊断的最后步骤。因为微机控制自动变速器一般是不允许轻易分解的。

⑦ 在进行检测与诊断前，应先阅读有关故障检测指南、使用说明书和该车型的《自动变速器维修手册》，掌握必要的结构原理图、油路图、微机控制系统电路图等有关技术资料。

（2）电子控制自动变速器检测与诊断程序

电子控制自动变速器检测与诊断程序如图 8-25 所示。

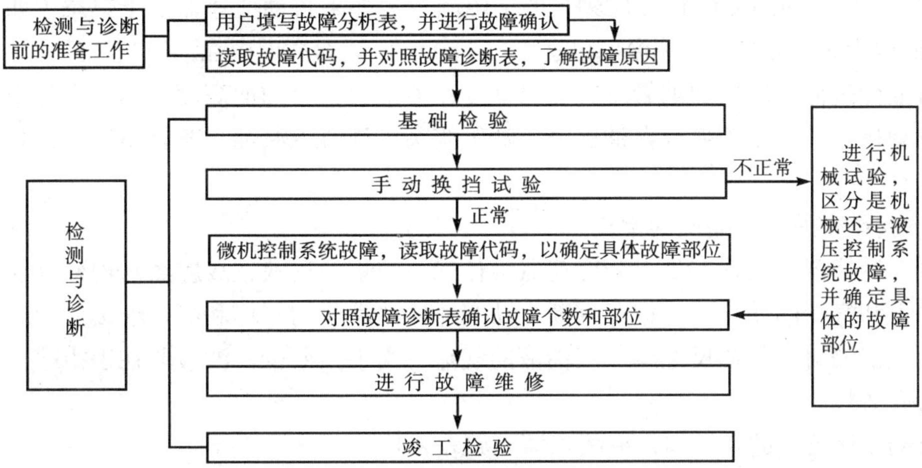

图8-25　电子控制自动变速器检测与诊断程序

（3）电子控制自动变速器的性能检测

电子控制自动变速器的性能检测是判断微机控制自动变速器故障的基础。电子控制自动变速器的故障往往可以通过相应的性能检测判断出故障类型和故障所在部位。

电子控制自动变速器的性能检测内容可分为基础检验、手动换挡试验和机械试验（机械试验又包括液压试验、失速试验、时滞试验和道路试验）三个项目。电子控制自动变速器性能检测的目的是发现故障的部位，以确定维修方法。

① 电子控制自动变速器的基础检验

自动变速器的油位不当、油质不佳、联动机构调节不当及发动机怠速不正常，是引起自动变速器故障的最常见原因。通常把对这些部件的检查与重新调整叫做自动变速器的基础检验。无论具体故障是什么，这种基础检验总是要进行的，而且也是首先要进行的。电子控制自动变速器基础检验的目的是检验自动变速器是否具备正常工作的能力。基础检验中的检查和调整项目包括：油面检查、油质检查、液压控制系统漏油检查、节气门拉索检查和调整、换挡操纵手柄位置检查和调整、空挡启动开关检查、超速挡（O/D）开关的检查和发动机怠速检查等。

基础检验的前提条件是：发动机工作正常、底盘性能良好，特别是汽车制动系统正常。

a．自动变速器油面高度检查

在做任何自动变速器检测或故障诊断前，首先要进行油面高度检查，其方法如下。

将汽车停放在水平地面上，并拉紧手制动，让发动机怠速运转（至少 1min）。

踩住制动踏板，将换挡操纵手柄拨至倒挡（R 位）、前进挡（D 位）、前进低挡（S、L 或 2、1 位）等位置，并在每个挡位上停留数秒，使液力变矩器和所有换挡执行元件中都充满自动变速器油。最后将操纵手柄拨至停车挡（P 位）位置。

从加油管内拔出油尺，擦净后插入加油管内再拔出，检查油尺上的油面高度。

如果自动变速器处于冷态（即冷车刚刚启动，自动变速器油的温度较低，为室温或低于 25℃），油面高度应在油尺刻线的下限附近；如果自动变速器处于热态（如低速行驶 5min 以上，自动变速器油温度已达 70 ～ 80℃），油面高度应在油尺刻线的上限附近。

若油面过低，应向加油管中补充自动变速器油，直至油面高度符合标准为止。继续运转发动机，检查自动变速器油底壳、油管接头等处有无漏油。若有漏油，应立即予以修复。

b. 自动变速器油品质的检查

自动变速器油的状态是自动变速器工作状态的集中反映，故应经常观察自动变速器油的颜色和气味的变化，并据此判断自动变速器油品质的好坏和能否继续使用。在检查自动变速器油时，从油尺上嗅一嗅油液的气味，用手指蘸少许油液并在手指间互相摩擦看是否有渣粒。

自动变速器油的状态与常见故障原因如表 8-1 所示。

表8-1 自动变速器油的状态与常见故障原因

油 液 状 态	故 障 原 因
透明、呈粉红色	正常
颜色发白、浑浊	水分已进入油中，应检查密封件，特别是处于散热器下水室内的油冷却器是否锈蚀腐烂
黑色、发稠，油尺上粘有胶质油膏	变速器油温过高
变成深褐色、棕色	（1）油液使用时间过长，应及时更换；（2）长期高负荷运转，或某些部件打滑、损坏，引起变速器过热
有金属屑或黑色颗粒	离合器片、制动带、单向离合器磨损严重
油液有烧焦味	（1）油温过高，油面过低；（2）油冷却器、滤清器或管路堵塞
油液从加油管溢出	（1）油面过高；（2）通气塞脏污、堵塞，需清洁、通气

c. 液压控制系统漏油检查

液压控制系统的各连接处都有油封和密封垫，这些部位是经常发生漏油的地方。液压控制系统漏油会引起油路压力下降及油位下降（是换挡打滑和延迟的常见原因）。

d. 节气门拉索的检查与调整

节气门开度影响着自动变速器的换挡时间，发动机熄火后，节气门应全闭，当加速踏板踩到底时，节气门应全开。节气门拉索的索芯不应松弛，索套端和索芯上限位杆之间的距离应在 0 ～ 1mm 之间。检查与调整方法如下：

➢ 推动加速踏板连杆，检查节气门是否全开，如果节气门不能全开，则应调整加速踏板连杆；

➢ 将加速踏板踩到底，将调整螺母拧松；

➢ 调整节气门拉索，拧动调整螺母，使索套端和索芯上限位杆之间的距离为 0 ～ 1mm；

➢ 拧紧调整螺母，重新检查调整情况。

e．空挡启动开关的检查

发动机应只能在空挡（N）和停车挡（P）时启动，其他挡位时不能启动。若有异常，应调节空挡启动开关螺栓和开关电路。其方法如下：

➢ 松开空挡启动开关螺栓，将换挡操纵手柄放到N位置。

➢ 将槽口对准空挡基准线，定住位置并拧紧空挡启动开关螺栓。

f．发动机怠速检查

发动机怠速不正常，特别是怠速过高，会使自动变速器工作不正常，出现换挡冲击等现象。检查发动机怠速时应将自动变速器换挡操纵手柄置于停车挡（P）或空挡（N）位置。通常装有微机控制自动变速器的汽车发动机怠速为750r/min，怠速过高或过低均应调整。

g．超速挡（O/D）控制开关的检查

电子控制自动变速器的电子控制系统具有故障自诊断功能，它可以通过超速挡指示灯“O/D OFF”予以警告。此项检查，必须在蓄电池电压正常时方可进行，否则会引起故障自诊断系统误诊断。

检查时，首先将点火开关置于“ON”位置，同时接通超速挡（O/D）主开关，仪表板上的超速挡指示灯“O/D OFF”应熄灭。若超速挡指示灯“O/D OFF”闪烁，则表明控制系统有故障。此时，可根据维修手册中给出的方法读取故障代码，并根据该车型的故障代码表查出故障原因。

h．汽车底盘综合性能的检查

汽车底盘综合性能的检查主要包括轮胎气压的检查、车轮制动毂间隙的检查、底盘滑行能力的检查等，以此判断汽车底盘综合性能的好坏。

② 电子控制自动变速器的手动换挡试验

为确定故障所在部位，区分故障是机械系统、液压控制系统还是电子控制系统引起的，应当进行手动换挡试验，这是在读取故障代码和完成基础检验之后首先要进行的试验项目。

所谓手动换挡试验就是将电子控制自动变速器的所有换挡电磁阀的线束插头全部脱开，由测试人员手动进行各挡位的试验，此时ECU不能通过换挡电磁阀来控制换挡，自动变速器的挡位取决于换挡操纵手柄的位置。不同车型的微机控制自动变速器，在脱开换挡电磁阀线束插头后，挡位和换挡操纵手柄的关系不完全相同。

手动换挡试验的步骤如下：

ⅰ 脱开电子控制自动变速器的所有换挡电磁阀线束插头。

ⅱ 启动发动机，将换挡操纵手柄拨至不同位置，然后做道路试验（也可以将驱动轮悬空进行台架试验）。

ⅲ 观察发动机转速和车速的对应关系，以判断自动变速器所处的挡位。不同挡位时发动机转速和车速的对应关系可以参考表 8-2。由于液力变矩器的减速作用与传递的转矩有关，因此下表所示中的车速只能作为参考，实际车速将随着行驶中节气门开度的不同而产生一定的变化。

表8-2　不同挡位发动机转速和车速的对应关系

挡　位	发动机转速 /r·min⁻¹	车速/km·h⁻¹
1挡	2 000	18～22
2挡	2 000	34～38
3挡	2 000	50～55
超速挡	2 000	70～75

ⅳ 若换挡操纵手柄位于不同位置时自动变速器所处的挡位与规定挡位相同，则说明电子控制自动变速器的阀板及换挡执行元件基本上工作正常。否则说明阀板或换挡执行元件有故障。

ⅴ 试验结束后，接上所有换挡电磁阀的线束插头。

ⅵ 清除 ECU 中的故障代码，防止因脱开换挡电磁阀线束插头而产生的故障代码存储在 ECU 中影响故障自诊断系统的工作。

若每一挡动作都正常，则说明故障出在电子控制系统；若有某一挡动作异常，则说明故障是机械或液压部分引起的，应进行机械试验。

③ 读取和清除故障代码

电子控制自动变速器内装有故障自诊断功能模块。如果系统内发生故障，电子控制系统中的 ECU 就将故障代码存储到存储器中，并且超速挡开关断开（O/D OFF）指示灯闪烁，以警告驾驶员。按下列程序可读出存储器中的诊断代码（以丰田车系为例）。

a．O/D OFF 指示灯检查

将点火开关转到 ON 位置。

检查当 D/D 开关键处于关闭时 O/D OFF 指示灯是否亮（应只亮不闪），打开时是否灭（应灭）。

b．读取故障代码

ⅰ 将点火开关转到 ON 位置，但不启动发动机。

ⅱ 将 O/D 开关键置于 ON 位置。如果仅此时 O/D OFF 指示灯闪烁，说明 ECU 中存储有故障代码。

ⅲ 用专用维修工具 SST 连接故障诊断通信连接器 TDCL 的 TE1 和 E1。

ⅳ 由 O/D OFF 指示灯不同的闪烁方式（时间、次数），来显示自动变速器系统的技术状况。如果系统工作正常，指示灯闪 2 次 /s；如果系统有故障，将显示故障代码。当存储器中有两个以上故障代码时，首先显示较低数码的故障代码。

c．清除故障代码

故障排除后，在点火开关断开的情况下，拆下 EFI-15A 的熔丝 10s 以上，即可清除故障代码。

④ 自动变速器机械、液压试验

电子控制自动变速器的机械、液压试验内容包括液压试验、失速试验、时间滞后（时滞）试验和道路试验等。

机械、液压试验是在进行基础检验、手动换挡试验后确认是机械系统和液压控制系统故障后进行的试验，目的是区分故障是由机械系统引起的，还是液压系统引起的，并同时诊断出故障的具体部位。下面分别叙述机械试验中 4 个试验项目的作用、试验方法和试验结果分析。

a．液压试验

液压试验是在自动变速器工作时，通过测量液压控制系统各回路的压力来判断各元件的功能是否正常，目的是检查液压控制系统各管路及元件是否漏油及各元件（如液力变矩器、蓄压器等）是否工作正常，是判别故障在液压控制系统还是在机械系统的主要依据。

液压试验前的准备

汽车行驶至发动机及自动变速器达到正常工作温度，将车辆停放在水平地面上，检查自动变速器的油面高度。如果不正常,应予以调整。准备一个量程为 2MPa 的压力表。

找出自动变速器各个油路的测压孔位置。通常在自动变速器外壳上有几个用方头螺塞堵住的测压孔。《自动变速器维修手册》上标有测压孔的位置；若没有《自动变速器维修手册》作参考，可用举升器将汽车升起，在发动机运转时分别将各个测压孔螺塞松开少许，观察各测压孔在换挡操纵手柄位于不同挡位时是否有压力油流出，以此判断该测压孔与哪一油路相通，从而找出各个油路测压孔的位置。

具体方法如下：

不论换挡操纵手柄位于前进挡或倒挡时都有压力油流出的，则为主油路测压孔；只有换挡操纵手柄位于前进挡时才有压力油流出的，则为前进挡油路测压孔；只有换挡操纵手柄位于倒挡时才有压力油流出的，则为倒挡油路测压孔。

主油路油压测试方法

测试主油路油压时，应分别测出前进挡和倒挡的主油路油压。

前进挡主油路油压测试方法如下：

拆下自动变速器壳体上的主油路测压孔或前进挡油路测压孔螺塞，接上油压表；启动发动机，将换挡操纵手柄拨至前进挡（D）位置；读出发动机怠速运转时的油压，该油压即为怠速工况下的前进挡主油路油压；用左脚踩紧制动踏板，同时用右脚将加速踏板完全踩下，在失速工况下读取油压，该油压即为失速工况下的前进挡主油路油压；将换挡操纵手柄拨至空挡（N）或停车挡（P）位置，让发动机怠速运转1min以上；将换挡操纵手柄拨至各个前进低挡（S、L或2、1）位置，重复上述后三步的步骤，读出各个前进低挡在怠速工况和失速工况下的主油路油压。

倒挡主油路油压测试方法如下：

拆下自动变速器壳体上的主油路测压孔或倒挡油路测压孔螺塞，接上油压表；启动发动机，将换挡操纵手柄拨至倒挡（R）位置；在发动机怠速运转工况下读取油压，该油压即为怠速工况下的倒挡主油路油压；用左脚踩住制动踏板，同时用右脚将加速踏板完全踩下，在发动机失速工况下读取油压，该油压即为失速工况下的倒挡主油路油压；将换挡操纵手柄拨至空挡（N）位置，让发动机怠速运转1min。

将测得的主油路油压与标准值进行比较。不同车型自动变速器的主油路油压不完全相同。

结果分析

所有挡位油压均高：主油路调压阀故障。

所有挡位油压均低：油泵或主油路调压阀故障。

某一挡位油压偏低：该挡油路堵塞或泄漏。

b．失速试验

在前进挡或倒挡中踩住制动踏板并完全踩下加速踏板时，发动机处于最大转矩工况，而此时自动变速器的输出轴及输入轴都静止不动，液力变矩器的涡轮也因此静止不动，只有液力变矩器壳体及泵轮随发动机一同转动，这种工况称为失速工况，此时的发动机转速称为失速转速。

失速试验是检查发动机功率大小、液力变矩器性能好坏及自动变速器中有关换挡执行元件的工作是否正常的一种常用方法，用来诊断可能的机械故障部位，如离合器、制动器的磨损情况等。

失速试验前的准备工作

让汽车行驶至发动机和自动变速器均达到正常工作温度；

检查汽车的脚制动和手制动，确认其性能良好；

检查自动变速器油面高度，应正常。

失速试验的方法和步骤

将汽车停放在宽阔的水平地面上，前后车轮用三角木块塞住；用手制动器或脚制动器将车辆刹死；检查自动变速器的油温，应该在50～80℃，油面高度应该正常（冷车应在试验前使其升温）；启动发动机，将换挡操纵手柄拨入前进挡（D）位置；在左脚踩紧制动踏板的同时，用右脚将加速踏板踩到底，在发动机转速不再升高时，迅速读取此时的发动机转速，立即松开加速踏板；将换挡操纵手柄拨入停车挡（P）或空挡（N）位置，让发动机怠速运转1min，以防止油温过高而变质；将换挡操纵手柄拨入其他挡位（R、S、L或2、1），做同样的试验。由于在失速工况下，发动机的动力全部消耗在液力变矩器内自动变速器油的内部摩擦损耗上，油温会急剧上升，因此在失速试验中，从加速踏板踩下到松开整个过程的时间不得超过5s，试验次数不得多于3次，否则会使自动变速器油因温度过高而变质，甚至损坏密封圈等零件。

在一个挡位的试验完成之后，不要立即进行下一个挡位的试验，要等油温下降之后再进行。试验结束后不要立即熄灭发动机，应将换挡操纵手柄拨入空挡（N）或停车挡（P）位置，使发动机怠速运转数分钟，以便让自动变速器油温度降至正常。如果在试验中发现驱动轮因制力不足而转动，应立即松开加速踏板，停止试验。

结果分析

不同车型的自动变速器都有其失速转速标准值。大部分自动变速器的失速转速标准值为2 300r/min左右。若失速转速与标准值相符，说明自动变速器的油泵、主油路油压及各个换挡执行元件的工作基本正常；若失速转速高于标准值，说明主油路油压过低或换挡执行元件打滑；若失速转速低于标准值，则可能是发动机动力不足或液力变矩器有故障。例如，当液力变矩器中的导轮单向超越离合器打滑时，液力变矩器在液力耦合的工况下工作，其变矩比下降，从而使发动机的负荷增大，转速下降。

不同挡位失速转速不正常的原因如表 8-3 所示。

表8-3　不同挡位失速转速不正常的原因

换挡操纵手柄位置	失 速 转 速	故 障 原 因
所有位置	过高	主油路油压过低 前进挡和倒挡的换挡执行元件打滑 低挡及倒挡制动器打滑
	过低	发动机动力不足 液力变矩器导轮的单向超越离合器打滑
公在D位	过高	前进挡油路油压过低 前进离合器打滑
公在R位	过高	倒挡油路油压过低 倒挡及高挡离合器打滑

c．时滞试验

时滞试验就是测出自动变速器的迟滞时间，根据迟滞时间的长短来判断主油路油压及换挡执行元件的工作是否正常。迟滞时间的大小取决于自动变速器油路油压、油路密封情况及离合器和制动器的磨损情况。

时滞试验的步骤和试验方法

让汽车行驶，使发动机和自动变速器达到正常工作温度。

将汽车停放在水平地面上，拉紧手制动。

检查发动机怠速。如果不正常，应按标准予以调整。

将自动变速器换挡操纵手柄从空挡（N）位置拨至前进挡（D）位置，用秒表测量从拨动换挡操纵手柄开始到感觉到汽车震动为止所需的时间，称为 N → D 迟滞时间。

将换挡操纵手柄拨至空挡（N）位置，让发动机怠速运转 1min 之后，再重复做一次同样的试验。

做 3 次试验，取其平均值。

按照上述方法，将换挡操纵手柄由空挡（N）位置拨至倒挡（R）位置，以测量 N → R 迟滞时间。

结果分析

大部分自动变速器 N → D 迟滞时间小于 1.0 ～ 1.2s，N → R 迟滞时间小于 1.2 ～ 1.5s。

若N→D迟滞时间过长，则说明主油路油压过低，前进挡离合器摩擦片磨损过甚或前进挡单向超越离合器工作不良；若N→R迟滞时间过长，则说明倒挡主油路油压过低，倒挡离合器或倒挡制动器磨损过甚或工作不良。

d. 道路试验

道路试验用以检验各制动器、离合器是否打滑，并观察换挡情况。道路试验是诊断、分析电子控制自动变速器故障最有效的手段之一。

此外，电子控制自动变速器在修复之后，也应进行道路试验，以检查其工作性能，检验自动变速器的维修质量。道路试验的内容主要有：检查换挡车速、换挡质量，以及换挡执行元件有无打滑。在道路试验之前，应先让汽车以中低速行驶5～10min，让发动机和自动变速器都达到正常工作温度。在道路试验中，如无特殊要求，通常应将超速挡开关置于ON位置（即超速挡指示灯O/D OFF熄灭），并将模式选择开关置于普通模式或经济模式位置。道路试验的方法如下。

升挡检查

将换挡操纵手柄拨至前进挡（D）位置，踩下加速踏板，使节气门保持在 1/2 开度左右，让汽车起步加速，检查自动变速器的升挡情况。自动变速器在升挡时发动机会有瞬时的转速下降，同时车身有轻微的冲动。在正常情况下，汽车起步后随着车速的升高，试车者应该能感觉到自动变速器能顺利地由 1 挡升入 2 挡，随后再由 2 挡升入 3 挡，最后升入超速挡。

若自动变速器不能升入高挡（3 挡或超速挡），说明自动变速器电液控制系统或换挡执行元件有故障。

升挡车速的检查

将换挡操纵手柄拨至前进挡（D）位置，踩下加速踏板，并使节气门保持在某一固定开度，让汽车起步加速。当察觉到自动变速器升挡时，记下升挡车速。一般 3 挡自动变速器在节气门开度保持在 1/2 开度时，由 1 挡升至 2 挡的升挡车速为 25 ～ 35km/h，由 2 挡升至 3 挡的升挡车速为 55 ～ 70km/h，由 3 挡升至 4 挡（超速挡）的升挡车速为 90 ～ 120km/h。由于升挡车速和节气门开度有很大的关系，即节气门开度不同时，升挡车速也不同，而且不同车型自动变速器各挡位的传动比大小都不尽相同，其升挡车速也不完全一样，因此，只要升挡车速基本保持在上述范围内，而且汽车行驶中加速良好，无明显的换挡冲击，都可认为其升挡车速基本正常。

若汽车行驶中加速无力，升挡车速明显低于上述范围，说明升挡车速过低（即过早升挡）；若汽车行驶中有明显的换挡冲击，升挡车速明显高于上述范围，则说明升挡车速过高（即太迟升挡）。

大部分《自动变速器维修手册》中都有该型自动变速器升挡（或降挡）车速标准值表，但表中通常只列出节气门全开或全关时的升挡（或降挡）车速。然而，在道路试验中，让汽车以节气门全开行驶往往因道路条件的限制而无法实施，而且以节气门全开行驶也容易加剧自动变速器内摩擦元件的磨损，一般不宜采用。因此表中的数据只能作为参考。有些《自动变速器维修手册》中给出了该自动变速器的换挡图，从这种换挡图中可以得出不同节气门开度下自动变速器的升挡车速，这可作为判断换挡车速是否正确的标准。

如图 8-26 和图 8-27 所示为丰田 A43D 和 A43DE 两种自动变速器的换挡图，图中实线为升挡曲线，虚线为降挡曲线。通常液力控制自动变速器的升挡车速和节气门开度的变化关系图呈曲线状，如图 8-29 所示；而微机控制自动变速器的升挡车速和节气门开度的变化曲线呈阶梯状折线，如图 8-30 所示。

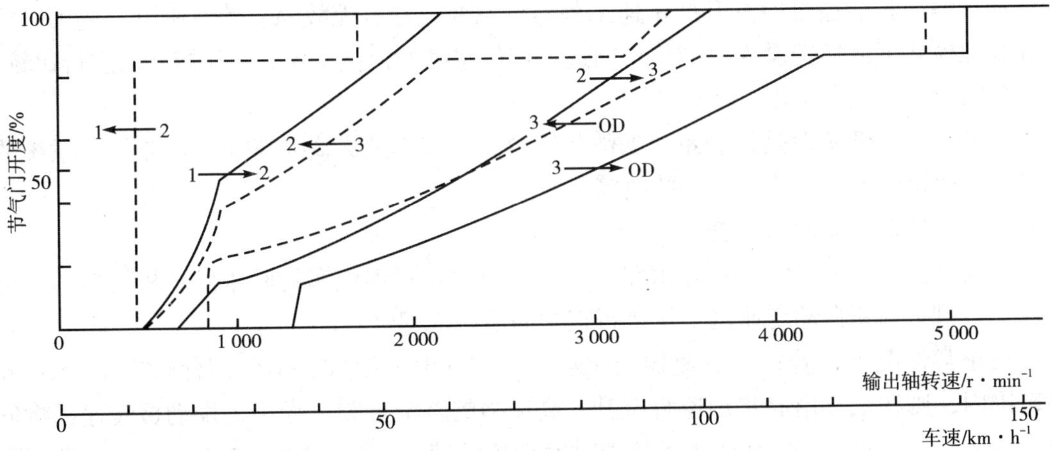

图8-26　液力控制自动变速器换挡图（A43D）

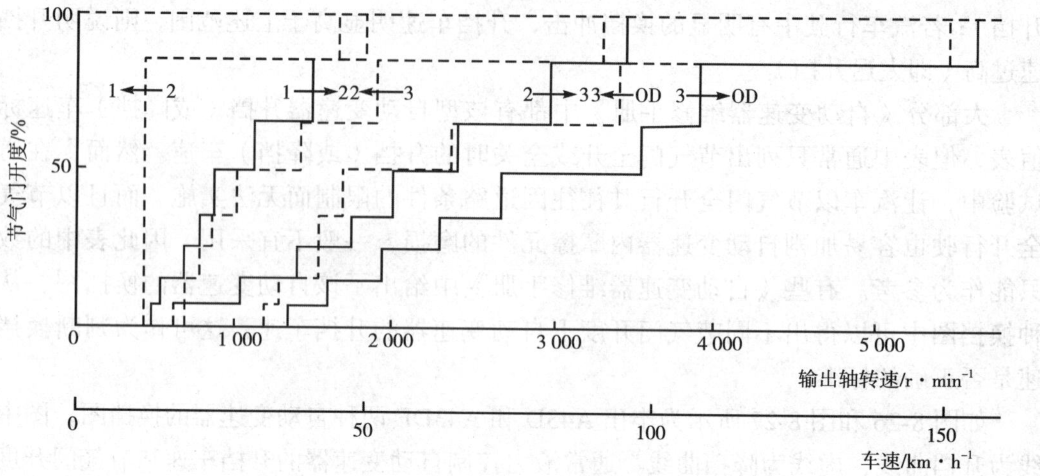

图8-27　微机控制自动变速器换挡图（A43DE）

由于降挡时刻在汽车行驶中不易察觉，因此在道路试验中一般无法检查自动变速器的降挡车速，只能通过检查升挡车速来判断自动变速器有无故障。若有必要，还可以检查在其他模式下或换挡操纵手柄位于前进低挡位置时的换挡车速，并与标准值进行比较，作为判断故障的参考依据。

升挡车速太低一般是控制系统的故障所致，升挡车速太高则除了可能是控制系统的故障外，也可能是换挡执行元件的故障造成的。

升挡时发动机转速的检查

有发动机转速表的汽车在作道路试验时，应注意观察汽车行驶中发动机转速的变化情况，它也是判断自动变速器工作是否正常的重要依据之一。

在正常情况下，若自动变速器处于经济模式或普通模式，节气门保持在低于1/2开度范围内，则在汽车由起步加速直至升入高速挡的整个行驶过程中，发动机转速都将低于3 000r/min。通常在加速至即将升挡时发动机转速可达到2 500～3 000r/min，在刚刚升挡后的短时间内发动机转速将下降至2 000r/min左右。如果在整个行驶过程中发动机转速始终过低，加速至升挡时仍低于2 000r/min，则说明升挡时间过早或发动机动力不足；如果在行驶过程中发动机转速始终偏高，升挡前后的转速在2 500～3 000r/min之间，而且换挡冲击明显，说明升挡时间过迟；如果在行驶过程中发动机转速过高，经常高于3 000r/min，在加速时达到4 000～5 000r/min，甚至更高，则说明自动变速器的换挡执行元件（离合器或制动器）打滑，应拆修自动变速器。

换挡质量的检查

换挡质量的检查内容主要是检查有无换挡冲击。正常的自动变速器只能有不太明显的换挡冲击，特别是微机控制自动变速器的换挡冲击应十分微弱。若换挡冲击太大，说明自动变速器的控制系统或换挡执行元件有故障，其原因可能是油路油压过高或换挡执行元件打滑，应做进一步检查。

锁止离合器工作状况的检查

自动变速器液力变矩器中的锁止离合器工作是否正常也可以采用道路试验的方法检查。试验中，让汽车加速至超速挡，以高于 80km/h 的车速行驶，并让节气门开度保持在低于 1/2 开度的位置，使液力变矩器进入锁止状态。此时，快速将加速踏板踩下至 2/3 开度，同时检查发动机转速的变化情况。

若发动机转速没有太大的变化，说明锁止离合器处于接合状态；反之，若发动机转速升高很多，则表明锁止离合器没有接合，其原因通常是锁止控制系统有故障存在。

发动机制动作用的检查

检查自动变速器有无发动机制动作用时，应将换挡操纵手柄拨至前进低挡（S、L或2、1）位置，在汽车以2挡或1挡行驶时，突然松开加速踏板，检查是否有发动机制动作用。若松开加速踏板后车速即随之下降，说明有发动机制动作用；否则，说明控制系统或前进挡离合器有故障。

强制降挡功能的检查

检查自动变速器的强制降挡功能时，应将换挡操纵手柄拨至前进挡（D）位置，保持节气门开度为 1/3 左右，在以 2 挡、3 挡或超速挡行驶时突然将加速踏板完全踩到底，检查自动变速器是否被强制降低一个挡位。

在强制降挡时，发动机转速会突然上升至4 000r/min左右，并随着加速升挡，转速逐渐下降。若踩下加速踏板后没有出现强制降挡，则说明强制降挡功能失效；若在强制降挡时发动机转速升高反常，达5 000～6 000r/min，并在升挡时出现换挡冲击，则说明换挡执行元件打滑，应拆修自动变速器。

3）电子控制自动变速器（ECAT）电子故障的诊断和维修

电子控制自动变速器故障诊断仪及其控制面板如图 8-28 和图 8-29 所示。

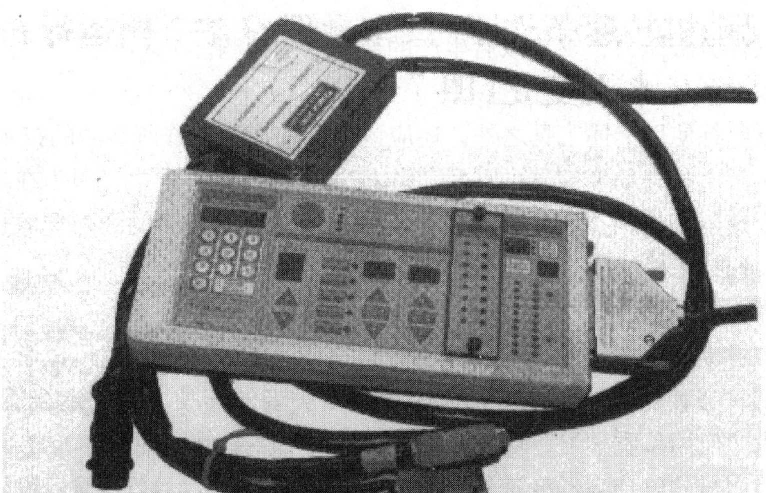

图8-28　电子控制自动变速器故障诊断仪

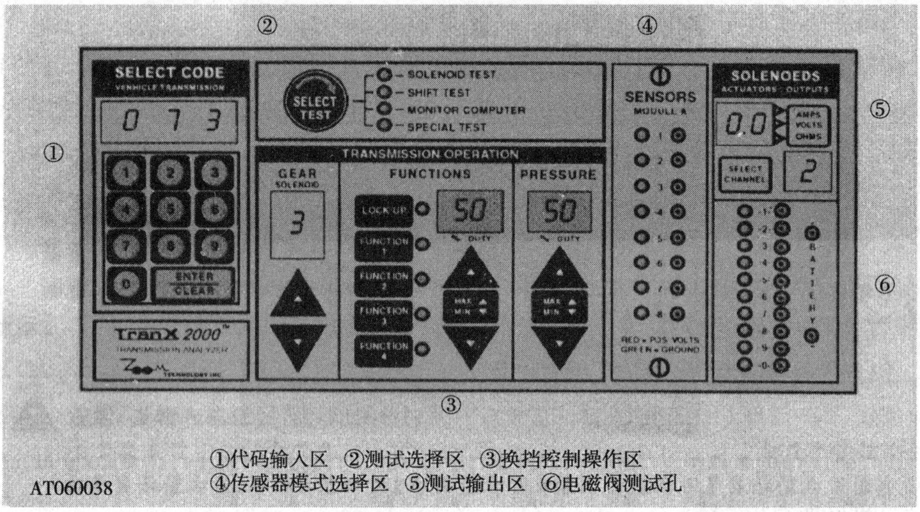

图8-29 电子控制自动变速器故障诊断仪控制面板

（1）基本工具的准备

汽车万用表、测试连接延长线、探针、夹子、Tran2000 故障诊断仪等。

Tran2000是一种手持式电控变速器故障诊断仪，其功能如下：

➢ 可模拟自动变速器控制电脑的信号控制多达 8 个或 8 个以上的电磁阀。在试车和变速器台架测试中替代变速器计算机。

➢ 可以直接从数字显示屏中读出一些相关的数据和参数，方便和维修数据对照。

➢ 可以产生满足变速器脉宽调制（PMW）阀工作所要求范围的方波和频率，完成对 PMW 阀的测试和检测电控变速器的油压。

➢ 可以监控或替代电控变速器计算机的指令信息、换挡顺序、变矩器的锁定操作和油压控制的工况。

➢ 具有软件升级能力，支持以后生产的变速器的检测。

（2）技术准备

除了能够熟练使用上述工具之外，还应该做一些诊断维修所必需的技术准备。

首先应了解电控自动变速器的几种工作模式。这一点很重要，因为在不同的工作模式下，自动变速器的换挡点和换挡品质是不同的，对所要诊断的故障现象也有影响，所以在诊断前要选择正确的模式。

① 换挡品质学习程序

有些电控自动变速器，变速器计算机有自适应性控制功能，它可以学习执行元件的接合率和分离率以使操作变得平滑，同时根据驾驶者的驾驶习惯确定合适的换挡点等，这一功能称为“换挡品质学习”功能。

还有一些型号的电控自动变速器在更换变矩器等操作后，必须重新设置控制计算机的相关程序，如果不执行该程序，则会导致车速里程表不工作。

② 备用换挡程序模式

③ 故障运行模式

（3）电路图

电子故障的诊断工作比较复杂，无论线束故障，还是传感器执行器或控制模块故障，都离不开对电路图的参考和分析。

学会分析电路图非常重要，由于各厂家生产的变速器不同，所给的维修资料编辑和编排也不尽相同，因此要想熟练地掌握相应的电路图，必须了解该电路图的编排格式、图例说明等。

（4）电子元件检测

① 传感器的检测

a．车速传感器测试

车速传感器测试包括电磁式车速传感器、干簧管式车速传感器、霍尔式车速传感器（见图 8-30）等。

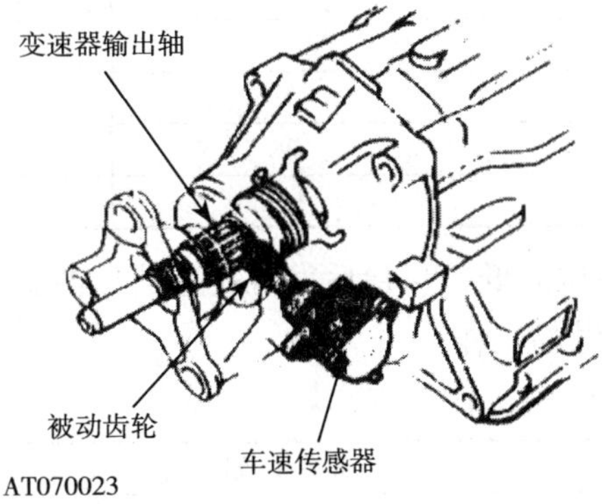

图8-30　霍尔式车速传感器

b．节气门位置传感器（见图 8-31）测试

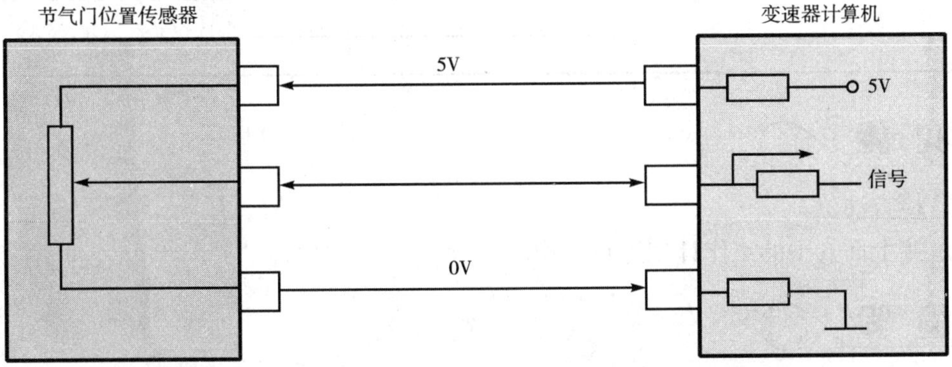

图8-31　节气门位置传感器

c．变速器油温传感器测试

② 控制开关测试

③ 换挡电磁阀和变矩器锁止电磁阀测试

④ 脉冲式电磁阀

⑤ 自诊断

计 划

① 制作一份恰当的展示资料来描述传动系统的工作原理。

② 简要描述可能存在的故障源。

③ 确定元件试验的顺序。

④ 制订检查油位的工作计划，填入下表。

检查油位的工作计划

序 号	工 作 步 骤	工具/辅具
1		
2		
3		
4		
5		

⑤ 经油位检查发现油位太低，目检后发现变速器的油底壳密封垫上有泄漏点。用中文和英文分别描述因此要做的工作。

⑥ 为实施工作制订详细的工作计划，填入下表。

工 作 计 划

序 号	工 作 步 骤	工具/辅具
1		
2		
3		
4		
5		

实 施

① 检查油位。

② 按上面⑥中的工作计划进行工作。

检 验

先试车，然后实施下列检查：

① 检查所有的换挡过程；

② 目检（变速器的密封性，连接）；

③ 接上解码器，读取故障代码（可能要先清除先前的故障代码）。

展 示

① 复习与回顾本次任务中学到的知识和技能。

② 客户询问需要时应补加哪种机油，为此解释一下机油的性能并比较不同种类的机油。

工作任务 9

万向传动系统维护

导 向

基础知识

1. 万向传动装置的作用及组成

万向传动装置的作用是在轴间夹角和相对位置经常发生变化的转轴之间传递动力。

万向传动装置主要由万向节、传动轴组成，对于传动距离较远的分段式传动轴，为了提高传动轴刚度，还设置有中间支承。

2. 万向传动装置的应用

万向传动装置在汽车上的应用主要有以下几个方面。

① 变速器（或分动器）与驱动桥之间：一般汽车的变速器、离合器与发动机三者合为一体装在车架上，驱动桥通过悬架与车架相连。在负荷变化及汽车在不平路面行驶时引起的跳动，会使驱动桥输入轴与变速器输出轴之间的夹角和距离发生变化。

② 越野汽车变速器与分动器之间：为消除车架变形及制造、装配误差等引起的轴线同轴度误差对动力传递的影响，必须装有万向传动装置。

③ 汽车转向驱动桥的半轴是分段的，转向时两段半轴轴线相交且交角变化，因此要用万向节。

④ 断开式驱动桥的半轴：主减速器壳在车架上是固定的，桥壳上下摆动，半轴是分段的，须用万向节。

⑤ 某些汽车的转向轴装有万向传动装置，有利于转向机构的总体布置。

3. 普通万向传动装置

在发动机前置后轮驱动的传动系中，在变速器与驱动桥之间，一般采用由普通万向节、空心传动轴和中间支承组成的普通万向传动装置来传递发动机动力。如图 9-1 所示为汽车采用的普通万向传动装置。

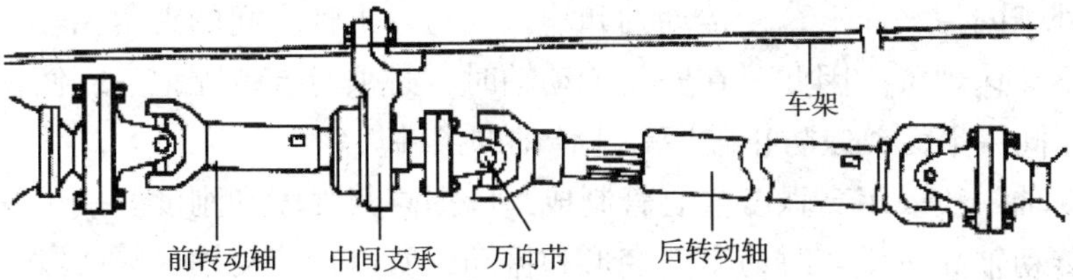

图9-1 普通万向传动装置

万向节的作用是在两轴之间夹角不断变化的情况下可靠地传递转矩。在变速器与驱动桥之间传力的万向节一般采用如图 9-2 所示的普通十字轴刚性万向节，它具有结构简单、传力可靠等优点。万向节的十字轴由特殊钢锻造而成，四个轴颈表面经过硬化处理，以增加强度和耐磨性。

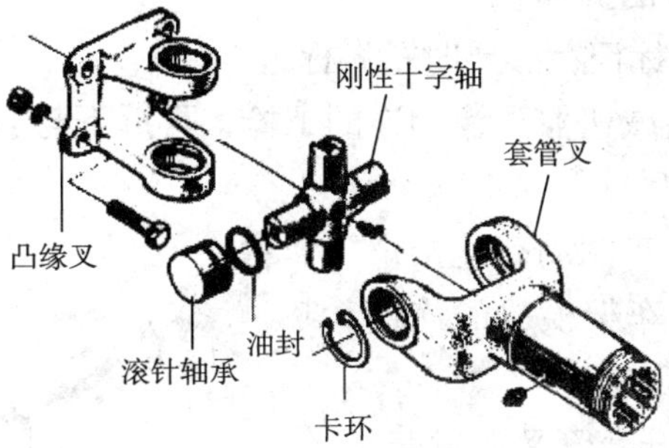

图9-2 普通万向节

四个轴颈分别插入主、从动万向节叉孔内。为了减小运动阻力和减轻机件磨损，在轴颈与叉孔间装有滚针轴承，并由卡环轴向定位，防止传动轴高速旋转时轴承甩出。轴承由油嘴通过十字轴上的油道给出油脂润滑，橡胶油封可防止润滑油流失。

普通万向节传动时具有不等速性，当主动叉匀速转动、通过刚性十字轴带动从动叉时，从动叉得到的角速度忽快忽慢，即表现为不等速性。其不等速性与两轴之间的夹角有关，夹角越大，不等速性越严重，在 180° 范围内作周期性变化，如图 9-3 所示。

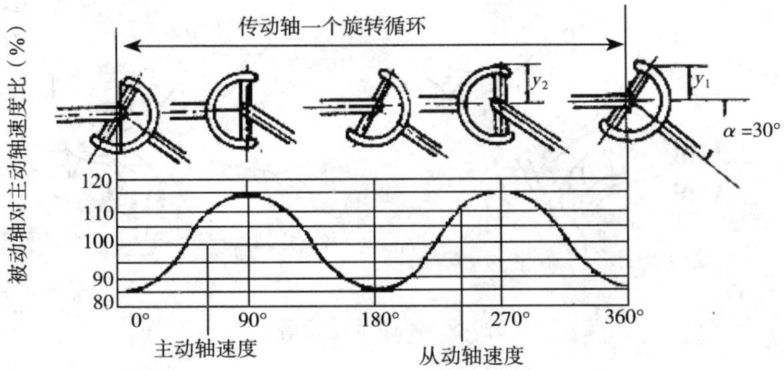

图9-3 普通万向节不等速性

万向节的不等速传动将造成扭转振动，使传动轴运转不平稳，车身发抖，造成附加力，加剧机件磨损。为实现等速传动，汽车上采用双万向节传动，并且保证传动轴两端的万向节叉处于同一平面上，使传动轴和输入轴与输出轴之间的夹角相等，以此消除普通万向节的不等速现象。因此，在安装传动轴时，必须对准装配记号，使传动轴两端的万向节叉处于同一平面，以防止破坏等速传动的条件。

汽车传动轴一般采用高强度空心管制成，以提高其强度和刚度。由于变速器距离驱动桥较远，传动轴高速旋转时易出现变形和振动，所以，传动轴分成两段。同时，后传动轴上采用花键套结构，以允许汽车行驶中传动轴长度自由变化。

@信息

传动装置

1）普通万向传动装置的拆卸

① 检查总成上的装配标记，必要时重做标记。

② 拆下后传动轴与主减速器凸缘相连的螺栓，再拆下与前传动轴凸缘连接的螺栓，拆下后传动轴总成。

③ 拆下前传动轴与驻车制动毂连接螺母，拆下中间支承支架与车架横梁的连接螺栓，取下前传动轴总成。

④ 分解滑动花键 拆开套管叉油封盖，将花键轴从套管叉中抽出，取下油封、油封垫和油封盖，如图 9-4 所示。

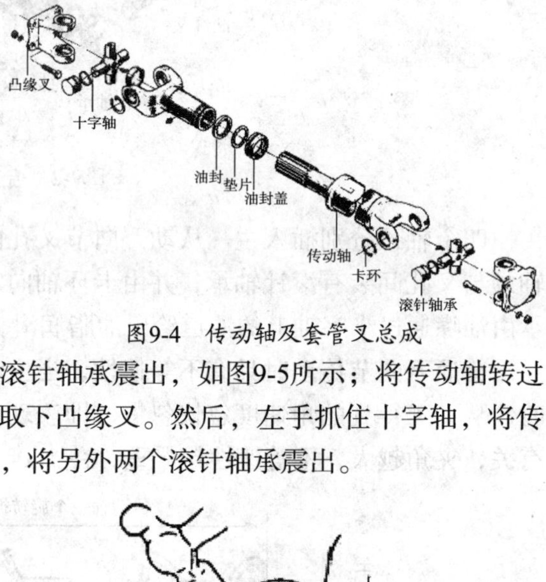

图9-4 传动轴及套管叉总成

⑤ 分解万向节。用卡簧钳将每个万向节叉孔内的卡环取出，左手把传动轴的一端抬起，右手拿手锤轻敲凸缘根部，将一个滚针轴承震出，如图9-5所示；将传动轴转过180°，用同样方法取出另一个滚针轴承，取下凸缘叉。然后，左手抓住十字轴，将传动轴一端抬起，右手拿锤轻敲万向节叉根部，将另外两个滚针轴承震出。

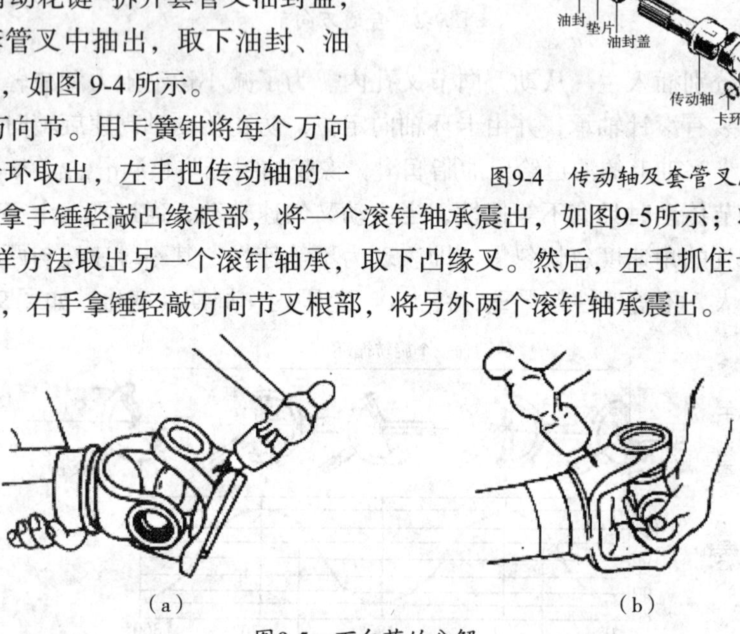
（a）（b）

图9-5 万向节的分解

⑥ 分解中间支承。拔出开口销，拧下槽形螺母，取出垫圈，用手锤轻敲凸缘背面

边缘，松动后把凸缘从前花键轴上拔出来。用拉力器从前花键轴上取下整个中间支承总成，再取下轴承座上的橡胶垫环。将轴承座夹持于台虎钳上，用铜棒、手锤铳出两边油封和轴承，如图9-6所示。

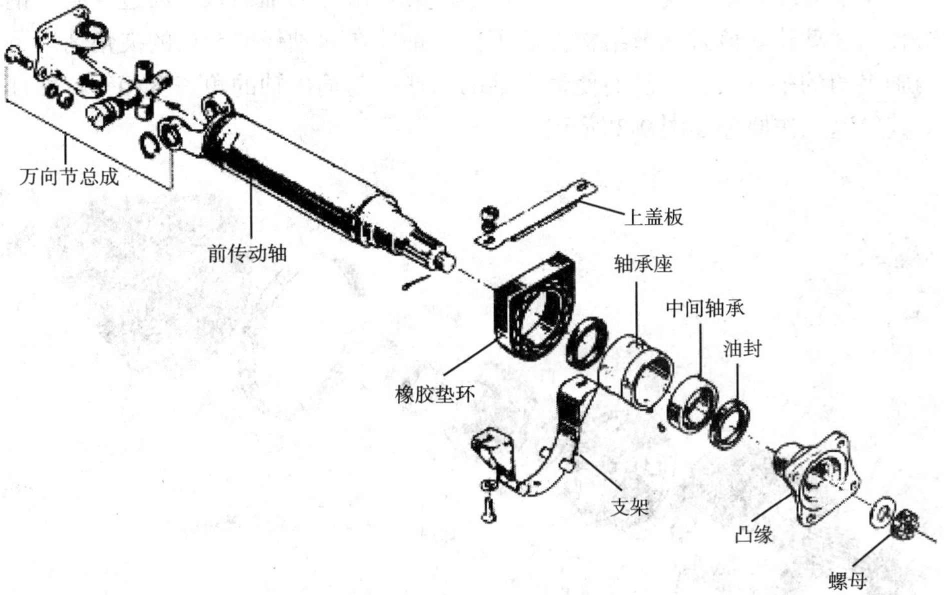

图9-6 中间支承的分解

2）普通万向传动装置的装配

装配普通万向传动装置时，按拆卸的相反顺序进行，并应注意以下事项。

① 安装万向节时，应使十字轴上的油嘴朝向传动轴，在十字轴轴颈、滚针轴承上涂抹些许润滑脂；轴承卡环必须保证进入环槽内，以免轴承脱落。

② 前传动轴后端的槽形螺母应按规定力矩旋紧，并装上开口销。

③ 安装中间支承轴承时，应使油嘴朝后、向下。各万向节油嘴应成一条直线，以方便加注润滑脂。

④ 安装伸缩花键时，必须对齐平衡记号，必须使传动轴两端的万向节叉处于同一平面上，以保证安装后传动轴的平衡性和等速性。

3）等速万向传动装置

现代轿车越来越多地采用发动机前置前轮驱动传动系布置形式，其前轮担负着转向和驱动的双重任务。如上海桑塔纳轿车、一汽奥迪轿车等，其万向传动装置结构与传统的传动系不同，采用由两个等速万向节和一根传动轴主轴组成的等速万向传动装置，其作用是将差速器输出的动力传递给前驱动轮。

（1）结构

① 传动轴。传动轴为空心传动轴，传动轴的外端是固定式等速万向节，内端是一种补偿轴距型等速万向节，传动轴两端分别与两个万向节的球毂花键连接。

② 外等速万向节。传动轴的外端采用固定式球笼万向节，如图9-7所示，其球毂、球笼、球壳均为球形。球毂与传动轴外端花键连接，球毂外表面加工有六道弧形的钢球滚道。球壳和驱动半轴制成一体，内球面上相应加工有六道内凹圆弧形滚道。六颗钢球在球笼保持下，位于球毂和球壳构成的球形滚道中。转矩由传动轴输入，经过球毂、钢球、球壳传给转向驱动轮。该万向节结构保证了传力钢球在两轴任何允许的夹角情况下，始终位于两轴夹角的平分面上，从而使输入轴的角速度与输出轴的角速度相等，保证了等速传动。其等速工作原理如图 9-8 所示。

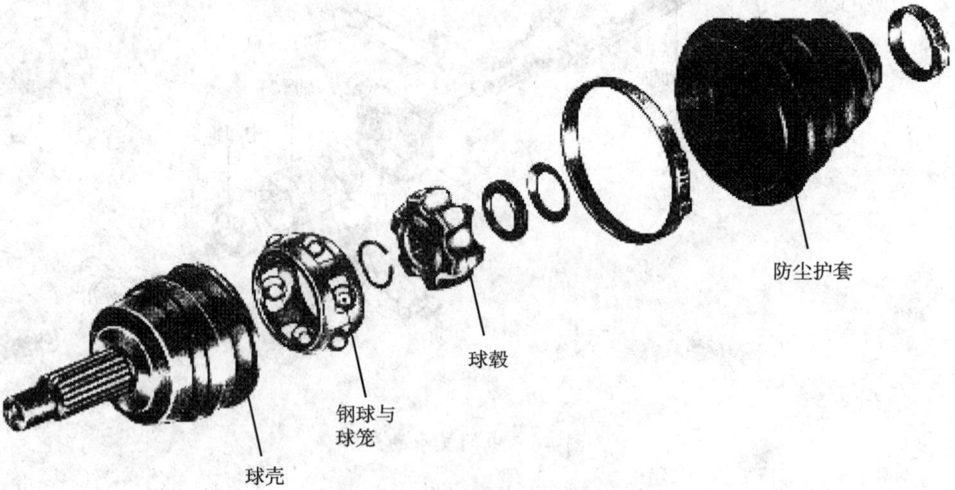

图9-7　外等速万向节

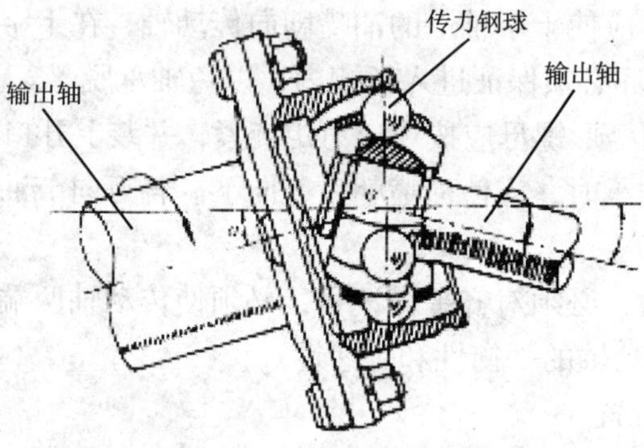

图9-8　外等速万向节工作原理

③ 内等速万向节。内等速万向节与外等速万向节结构类似，只是球毂、球壳上的钢球滚道为倾斜直槽形，且相邻两条球道倾斜方向相反，钢球位于球毂与球壳构成的球道的交叉口上，如图9-9所示。当万向节轴无夹角时，球道相交于同一垂直平分面上。当万向节轴有夹角时，钢球由于球道和球笼的控制作用，仍处于两轴夹角的平分面上。所以，万向节结构保证了其传力钢球，在任何允许夹角的情况下始终保持在轴线夹角的平

分面上，从而保证了等角速传动。

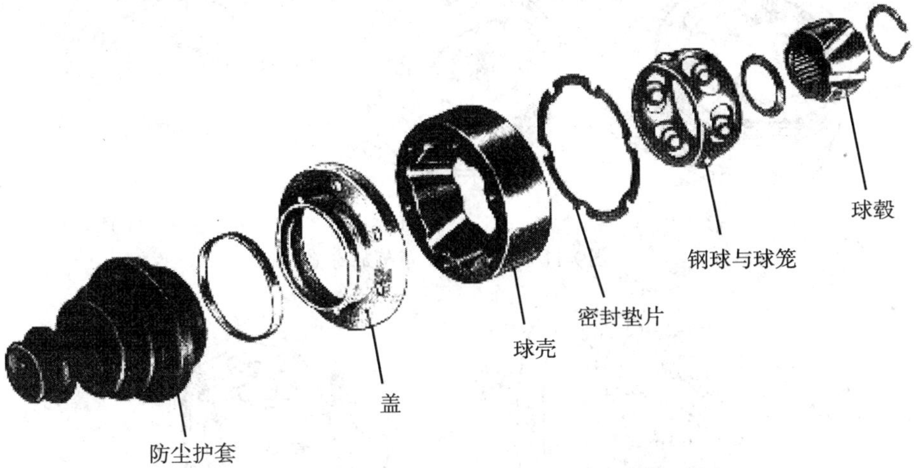

图9-9　内等速万向节

同时，当传动轴长度发生变化时，球毂、球笼及钢球还能相对于球壳做轴向移动，以补偿传动轴长度的变化。

（2）万向节、传动轴的拆卸和分解

① 在车轮着地时，旋松驱动半轴与轮毂间的固定螺母。

② 旋下传动轴与接合盘的螺栓，将传动轴与接合盘分开。

③ 从车轮轴承壳内压出驱动半轴。

④ 拆下防尘罩卡箍，卸掉传动轴端头卡环。

⑤ 用轻金属锤或木槌将外等速万向节从轴上敲下，如图 9-10（a）所示。

⑥ 压出内等速万向节，如图 9-10（b）所示

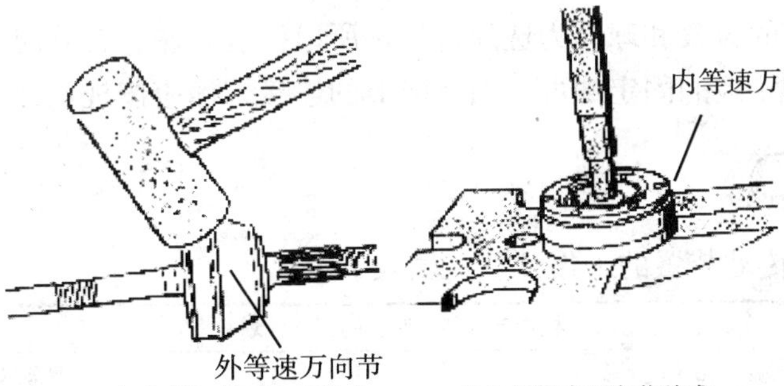

（a）拆卸外万向节总成　　（b）拆卸内万向节总成

图9-10　拆卸万向节总成

⑦ 分解外等速万向节。做好球笼、球毂和球壳上的位置标记，转动球毂、球笼，依次取出钢球、球笼和球毂，如图 9-11 所示。

⑧ 分解内等速万向节。转动球毂和球笼，按垂直方向取出球笼，取下钢球，然后从球笼上取下球毂。球毂和球壳为选配合件，应成对放置不许互换，如图 9-12 所示。

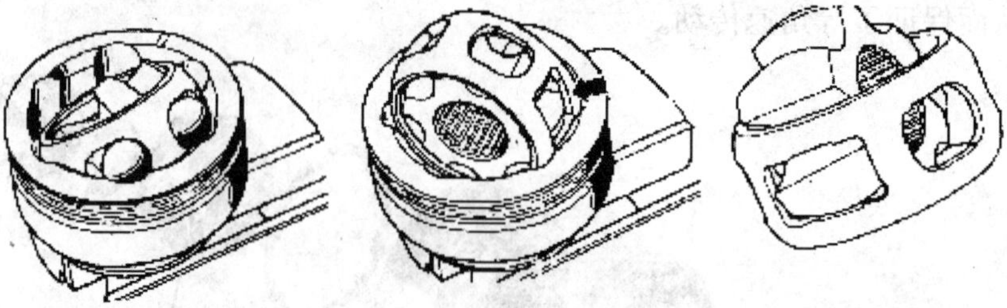

（a）　　　　（b）　　　　（c）

图9-11　外等速万向节的分解

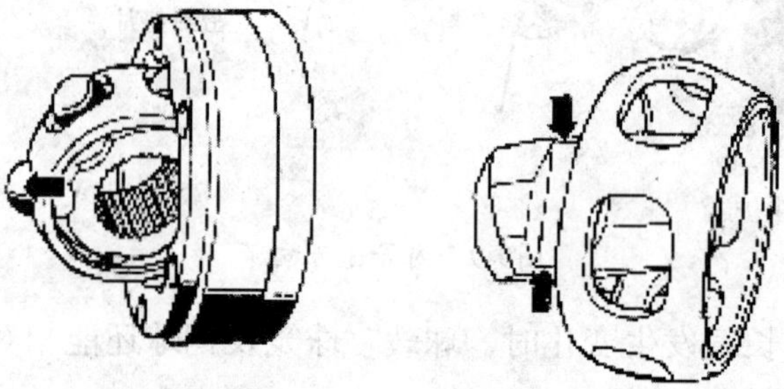

（a）　　　　（b）

图9-12　内等速万向节的分解

（3）等速万向传动装置的装配

装配等速万向传动装置时，按拆卸的相反顺序进行，并应注意以下事项。

① 按标记安装万向节的球笼、球毂和球壳。

② 安装传力钢球时，应将球笼、球毂转到相应的位置，然后顺利装上全部传力钢球，不得硬装，以免损伤传力钢球和球笼。

③ 安装外等速万向节总成时，应将卡环尽量压入槽底，以便顺利安装。

④ 因为万向节的球毂和球壳为选配合件，所以拆装时左、右万向节零件不许互换。

⑤ 驱动半轴与轮毂的固定螺母、内万向节的连接螺栓应按规定力矩旋紧。

计 划

制订检查万向传动装置的工作计划，填入下表。

检查万向传动装置的工作计划		
序　号	工 作 步 骤	工具/辅具
1	外观的磨损检查	
2	轴承部件的尺寸测量	
3	调试、安装	
4	磨合检查安装情况	

实 施

① 进行修理。

② 对维修服务工作进行记录，形成文件。

检 验

① 对检测结果进行评价。

② 就技术方面标准要求给客户提供咨询：

—— 修理措施

展 示

复习与回顾本次任务中学到的知识和技能。

工作任务10

万向传动系统的故障诊断与维修

导向

万向传动装置的常见故障部位主要有传动轴平衡块、传动轴套管、花键、中间支承等。

万向传动装置的常见故障是万向传动装置异响。根据其响声的部位可分为万向节响、传动轴响和中间支承响。

1．工作任务

一辆汽车在低速行驶时，车身下部能听到一种干摩擦的“吱、吱”的响声，好像发电机轴承缺油干摩擦响，清晰有节奏。车速越高响声越明显，降低车速将变速器放在空挡滑行，响声减弱。此时十字轴已经缺油磨损，应拆下解体检查，清洁加油。当十字轴已经严重磨损松旷时，响声会更加明显，加速、减速、滑行，各个挡位均会听到“咯、咯”声，直到停止运转响声才消失。

2．基础知识

（1）故障现象

万向传动装置在汽车行驶过程中发出不同的响声。

（2）故障主要原因及处理方法

万向传动装置发出异响的根本原因是万向传动装置的连接处磨损松旷，装配不当，或传动轴弯曲等原因造成动平衡破坏，当传递较大的转矩和受到剧烈的冲击时产生异响。具体原因及处理方法如下。

① 万向节套筒与万向节叉孔磨损松旷，应予以更换。

② 万向节叉凸缘盘连接螺栓松动，应予以紧固或更换。

③ 传动轴伸缩节花键因磨损和冲击造成松旷，应予以更换。

④ 传动轴弯曲，应予以校正。

⑤ 传动轴上的平衡片失落或套管凹陷，应重新做动平衡。

⑥ 传动轴套管与万向节叉或伸缩节花键轴焊接时位置歪斜或焊接后传动轴未做动平衡，应予以更换或做动平衡。

⑦ 伸缩节未按标记安装，应按标记装配。

⑧ 中间支承固定螺栓松动，应予以紧固或更换。

⑨ 中间支承固定位置不正确，应按正确位置固定。

⑩ 中间支承滚动轴承润滑不良，滚道表面有麻点应予以更换。

⑪ 中间支承橡胶圆环垫破损，应予以更换等。

（3）故障诊断方法

在汽车起步或突然改变车速时，传动装置发出“抗”的一声；当汽车缓慢行驶时，传动装置发出“呱啦、呱啦”的响声，说明是万向节响。汽车行驶中发出周期性的响声，速度越快时响声越大，严重时车身发生抖振，甚至握转向盘的手有麻木感，说明是传动轴弯曲引起的响声。汽车行驶中产生一种连续“呜呜”的响声，车速越快响声越大，说明是中间支承响。

万向传动装置还可能发生振动，引起的原因主要有：

① 车轮或轮胎动不平衡。

② 传动轴平衡片脱落。

③ 汽车超载。

④ 传动轴或万向节的运转角改变。

⑤ 发动机、变速器或传动轴橡胶支承件失效等。

@ 信 息

万向传动装置的维修

（1）传动轴

传动轴轴管不得有裂纹及严重的凹瘪。

传动轴轴管全长上的径向全跳动公差应符合表10-1的规定。

轿车传动轴径向全跳动公差应比表10-1相应减小0.2mm。中间传动轴支承轴颈的径向圆跳动公差为0.10mm。当传动轴轴管的径向全跳动误差超过表10-1的规定时，应对传动轴进行校正或更换。

表10-1　传动轴轴管的径向全跳动公差（单位：mm）

轴　长	≤600	600～1 000	>1 000
径向全跳动公差	0.6	0.8	1.0

传动轴花键与滑动叉花键、凸缘叉与所配合花键的侧隙：轿车应不大于0.15mm，其

他类型的汽车应不大于0.30mm，装配后应能滑动自如。

（2）万向节叉、十字轴及轴承

万向节叉和十字轴上不得有裂纹。

十字轴轴颈表面有疲劳剥落、磨损沟槽或滚针压痕深度在 0.10mm 以上时，应更换。

滚针轴承的油封失效、滚针断裂、轴承内圈有疲劳剥落时，应更换。

十字轴与轴承的最小配合间隙应符合原厂规定，最大配合间隙应符合表10-2的规定。

表10-2　十字轴轴承的配合间隙（单位：mm）

十字轴轴颈直径	≤18	18～23	>23
最大配合间隙	符合原厂规定	0.10	0.14

十字轴及轴承装入万向节叉后的轴向间隙：剖分式轴承承孔为0.10～0.50mm；整体式轴承承孔为0.02～0.25mm；轿车为0～0.05mm。

（3）中间支承

中间支承的常见故障是橡胶老化和轴承磨损引起的振动和异响等。

中间支承的橡胶垫环开裂、油封磨损过多而失效、轴承松旷或内孔磨损严重时，均应更换新的中间支承。

中间支承轴承经使用磨损后，需及时检查和调整，以恢复其良好的技术状况。以解放 CA1091 型汽车为例，其传动系中间支承为双列圆锥滚子轴承，有两个内圈和一个外圈，两内圈中间有一个隔套，供调整轴向间隙用。

磨损使中间支承轴向间隙超过 0.30mm 时，将引起中间支承发响和传动轴严重振动，导致各传力部件早期损坏。

调整方法：拆下凸缘和中间轴承，将调整隔板适当磨薄，传动轴承在不受轴向力的自由状态下，轴向间隙在0.15～0.25mm之间，装配好后用195～245N·m的扭矩拧紧凸缘螺母，保证轴承轴向间隙在0.05mm左右，即转动轴承外圈无明显的轴向游隙为宜。最后从滑脂嘴注入足够的润滑脂，以减小磨损。

（4）传动轴管焊接组合件

传动轴管焊接组合件经修理后，原有的动平衡已不复存在。因此，传动轴管焊接组合件（包括滑动套）应重新进行动平衡试验。

传动轴两端任一端的动不平衡量：轿车应不大于10g·cm；其他车型应不大于表10-3的规定。

表10-3　传动轴管焊接组合件的允许动不平衡量

传动轴轴管外径/mm	≤58	58～80	>90
允许动不平衡量/g·cm	30	50	100

传动轴管焊接组合件的平衡可在轴管的两端加焊平衡片，每端最多不得多于3片。

计 划

根据传动轴常见故障的检修制订工作计划，填入表10-4。

表10-4　传动轴常见故障的检修

现　　象	可能原因	检　　修
车辆停止或慢速时产生振动	万向联轴器松动	紧固或更换万向联轴器
换挡时传动轴有较明显的金属撞击声	万向联轴器磨损	更换万向联轴器
任何速度下，有噪声或振动	传动轴失去平衡，弯曲有凹痕，平衡块丢失	更换传动轴，加装平衡块
	万向联轴器磨损或损坏	更换万向联轴器
	传动轴破裂	更换传动轴
	万向联轴器上的紧固螺栓松动	拧紧螺栓
	在传动轴上有底盘喷涂或其他附着物	将传动轴外表面清除干净，并用溶剂清洗
	万向联轴器叉松动，弯曲或径向跳动过大	更换万向联轴器
	传动系夹角不正确	校正安装角
	后板簧中心螺栓不就位	松开骑马螺栓，并使中心螺栓就位
	后板簧断裂	更换后板簧
	主动齿轮万向联轴器叉跳动过大	将传动轴转过180° 鉴定
低速时有短促刺耳声音	万向联轴器缺润滑油	润滑、检修万向联轴器

实 施

根据以前所学知识对万向传动系统进行拆卸检修。

拆：首先在轴管上做好标记，如图10-1所示，然后从后向前拆。

装：从前向后装，注意标记。

① 清洗零件：最好用煤油清洗，并吹干。

② 核对零件的装配标记。

③ 十字轴安装：黄油嘴应朝向传动轴，且相隔180°　。

④ 中间支承：安装时，边转边紧固。

⑤ 加注润滑脂。

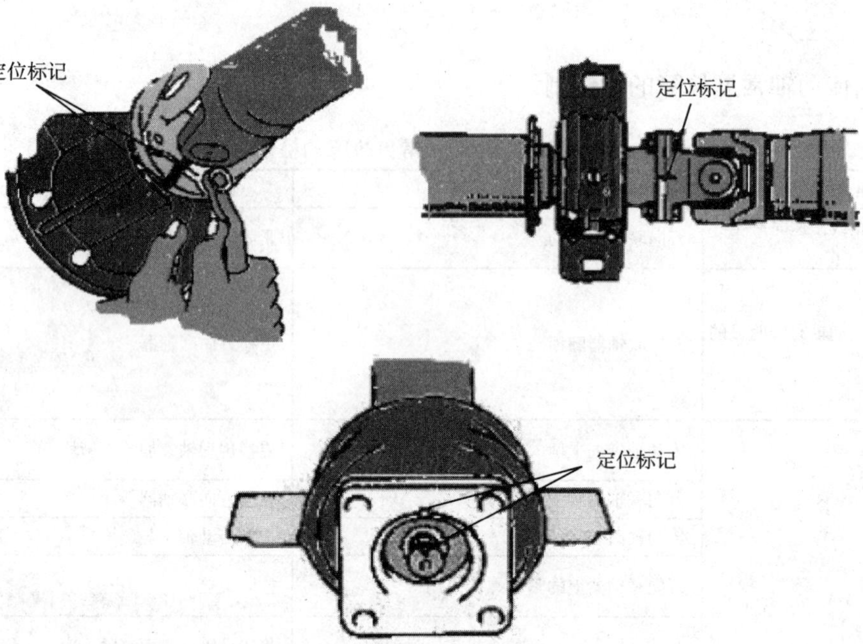

图10-1　在轴管上做好标记

检　验

万向传动装置的检验

① 传动轴

轴　长/mm	≤600	600～1 000	>1 000
径向全跳动公差/mm			

② 万向节叉、十字轴及轴承

十字轴轴颈直径/mm	≤18	18～23	>23
最大配合间隙/mm			

③ 传动轴管

传动轴轴管外径/mm	≤58	58～80	>90
允许动不平衡量/g·cm			

展　示

请同学们完成下面的工作页，展示自己的学习成果。

① 造成万向传动装置在汽车行驶过程中发出不同的响声，主要原因是：

____

② 万向传动装置发生振动，引起的原因主要是：

工作任务 11

主减速器的检修与维护

导向

1. 工作任务

一辆皮卡车起步及正常行驶时，主减速器发出“咕噜、咕噜”的响声，滑行时响声特别清晰，同时传动轴也有异响。分解主减速器后，检查主/从动齿轮的啮合面、锥形轴承、星形齿轮、轮毂轴承均未发现异常。

2. 基础知识

主动锥齿轮与主动轴制成一体。为了保证主动锥齿轮有足够的支承刚度，改善啮合条件，其前端支承在两个距离较近的圆锥滚子轴承上，后端支承在圆柱滚子轴承上，形成跨置式支承。圆柱滚子轴承压装在主动轴的后端，靠座孔上的台阶限位。圆锥滚子轴承以小端相对压入主动轴前端，之间有隔套和调整垫片，它们和叉形凸缘用螺母与主动轴固装在一起，并支承在轴承座内。轴承座依靠凸缘定位，用螺钉固装在主减速器壳体的前端，两者之间有调整垫片。从动锥齿轮靠凸缘定位，用螺栓紧固在差速器壳上，而差速器壳则用两个圆锥滚子轴承支承在主减速器壳的瓦盖式轴承座孔中。轴承盖与壳体是装配在一起加工的，不能互换，两者之间有装配记号。

轴承座孔外侧装有环形轴承调整螺母。在从动锥齿轮啮合处背面的主减速器壳体上，装有支承螺柱，用以限制大负荷下从动锥齿轮过度变形而影响正常啮合。装配时，应在支承螺柱与从动锥齿轮背面之间预留一定间隙（0.3 ～ 0.5mm），转动支承螺柱可以调整此间隙。

圆锥滚子轴承一般都是成对使用的，装配时应使其具有一定的预紧度，以减小锥齿轮在传动过程中因轴向力而引起的轴向位移，提高轴的支承刚度，保证锥齿轮副的正确啮合。但轴承预紧度又不能过大，否则摩擦和磨损增大，传动效率低。为此，设有轴承预紧度的调整装置。主动轴上两个圆锥滚子轴承 2 和 3 的预紧度由调整垫片 2 来调整。增加垫片 2 的厚度，轴承预紧度减小；反之，轴承预紧度增加。支承差速器壳的一对圆锥滚子轴承 1 的预紧度则是通过拧动两侧的轴承调整螺母来调整的。拧入调整螺母，轴承预紧度增加；反之，轴承预紧度减小。

为了使齿轮传动工作正常、磨损均匀，延长其使用寿命，必须保证齿轮副正确的啮合。为此，需要对锥齿轮的啮合进行调整。锥齿轮啮合的调整是指齿面啮合印痕和齿侧啮合间隙的调整。正确的啮合印痕和啮合间隙是通过锥齿轮轴的轴向移动，从而改变主、从动锥齿轮的相对位置来得到的。所以，主减速器又设置了齿轮啮合的调整装置。

主、从动锥齿轮的啮合印痕可通过增/减调整垫片1的厚度来调整：增加垫片厚度，主动轴及主动锥齿轮前移；反之则后移。

啮合间隙则通过拧动轴承调整螺母来调整：一端螺母拧入，另一端螺母拧出，即可使从动锥齿轮轴向移动。

应该说明的是，为了保证齿轮啮合调整的正确性，圆锥滚子轴承预紧度的调整必须在齿轮啮合调整之前进行，且当两者采用同一调整装置时，齿轮啮合的调整应保持原已调整好的轴承预紧度不变。如上述齿轮啮合间隙的调整，为保证已调整好的轴承预紧度不变，一端螺母的拧入圈数应等于另一端螺母的退出圈数。

@信息

1. 主减速器的检查

（1）主减速器壳

① 壳体应无裂损，各部位螺纹的损伤不得多于 2，否则应换新件。

② 差速器左、右轴承承孔同轴度公差为 0.10mm。

③ 圆柱主动齿轮轴承（或侧盖）承孔轴线及差速器轴承承孔轴线对减速器壳前端面的平行度公差：当轴线长度在200mm以上时，其值为0.12mm。当轴线长度小于或等于200mm时，其值为0.10 mm。

④ 主减速器壳纵轴线对横轴线的垂直度公差：当纵轴线长度在300mm以上时，其值为0.16mm；纵轴线长度小于或等于300mm，其值为0.12mm；纵、横轴线应位于同一平面（双曲线齿轮结构除外），其位置度公差为0.08mm。

⑤ 主减速器壳与侧盖的配合及圆柱主动齿轮轴承与减速器壳（或侧盖）的配合应符合原厂规定。

（2）主减速器锥齿轮副

① 齿轮工作表面不得有明显斑点、剥落、缺损和阶梯形磨损。

② 主动圆锥齿轮：轮齿锥面的径向圆跳动公差为0.05mm；前/后轴承与轴颈、承孔的配合应符合原厂规定；从动锥齿轮的铆钉连接应牢固可靠；连接螺栓的紧固应符合原

厂规定，紧固螺栓锁止可靠。

③ 齿轮必须成对更换。

2．上海桑塔纳LX型轿车主减速器及差速器的拆装

下面参照前置驱动装置的结构（见图11-1）分解桑塔纳LX型轿车主减速器及差速器。

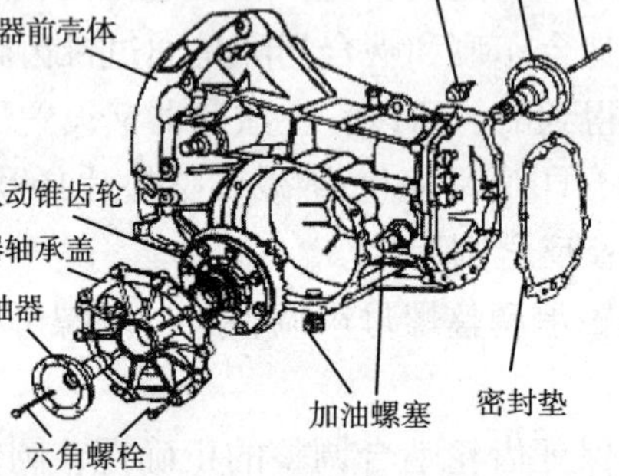

图11-1　前置驱动装置的结构

（1）分解

将从车上拆下的驱动桥总成固定在工作台架上，分解如下。

① 拆下半轴及差速器轴承盖紧固螺栓，从变速器壳体上取下半轴、主减速器轴承盖及差速器总成。

② 拆除行星齿轮轴锁销（或卡簧），取出行星齿轮轴，并转动半轴齿轮，将行星齿轮从差速器壳中取出，拆下半轴齿轮及复合式止推垫片。

③ 用拉出器从差速器壳上拉出里程表驱动齿轮（见图 11-2)、差速器轴承（见图 11-3)。用内拉出器从变速器壳体和差速器轴承盖上向内侧拉出轴承外圈（见图 11-4 和图 11-5)。取出调整垫片，并拆下油封。

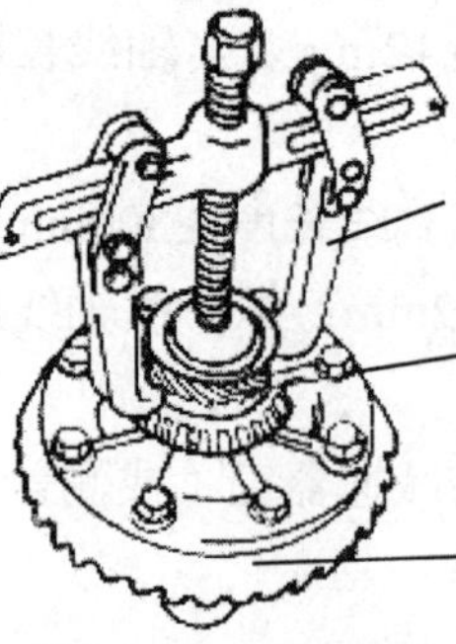

图11-2　拉出里程表驱动齿轮

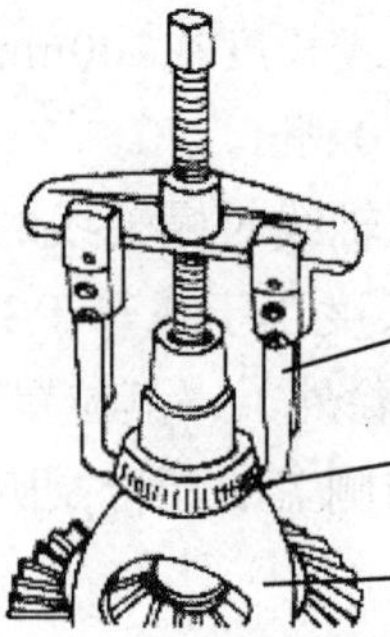

图11-3　拉出差速器轴承

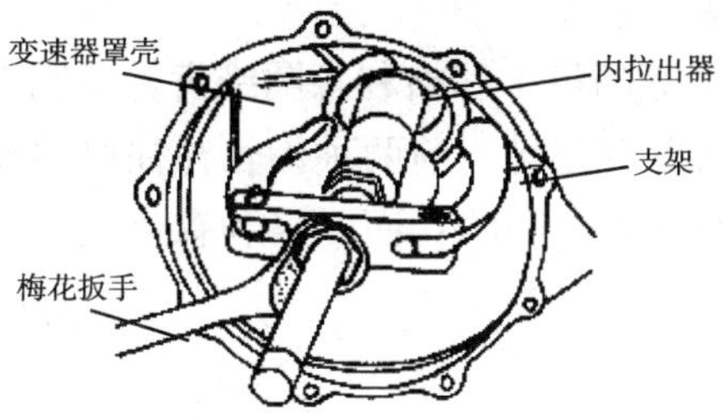

图11-4　从变速器壳内将差速器轴承外圈拉出

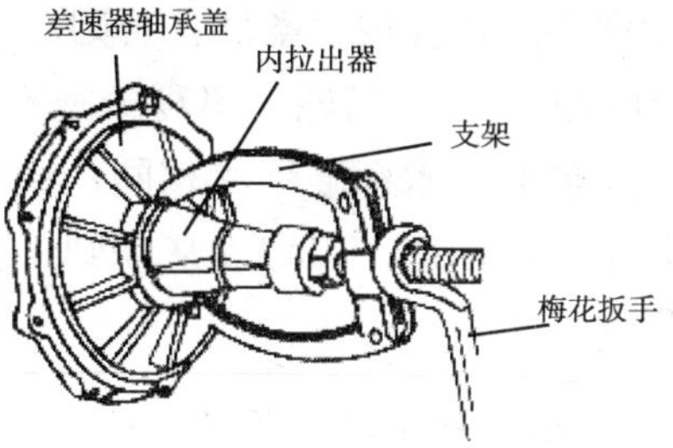

图11-5　将差速器轴承外圈从差速器轴承盖内拉出

④ 拆下从动圆锥齿轮与差速器壳间的连接螺栓，压下从动圆锥齿轮。

分解后的主减速器及差速器如图 11-6 所示。

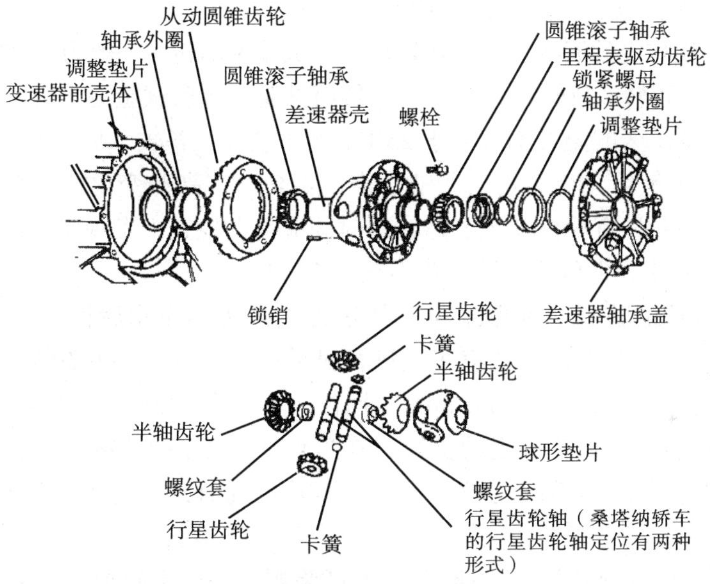

图11-6　分解后的主减速器及差速器

（2）装配

安装时按拆装的相反顺序进行,并注意减磨垫片的安装方向和差速器壳的位置记号。

3．主减速器的调整

主减速器装配中的调整包括主、从动圆锥齿轮轴承预紧度的调整（含差速器轴承预紧度的调整），主、从动圆锥齿轮啮合印痕和啮合间隙的调整等项目。主减速器的调整质量是决定主减速器圆锥齿轮副使用寿命的关键。因此，在进行调整作业时，必须遵守主减速器的调整规则：

① 先调整轴承的预紧度，再调整啮合印痕，最后调整啮合间隙。

② 主、从动圆锥齿轮轴承的预紧度必须按原厂规定的数值和方法进行调整与检查，在主减速器调整过程中，轴承的预紧度不得变更，应始终符合原厂规定值。

③ 在保证啮合印痕合格的前提下，调整啮合间隙。啮合印痕、啮合间隙和啮合间隙

的变化量都必须符合技术条件，否则成对更换齿轮副。

④ 准双曲线圆锥齿轮、奥利康圆锥齿轮（等高齿）和格利森圆锥齿轮（圆弧非等高齿）啮合印痕的技术标准不尽相同，调整方法也有差异。前两种齿轮往往以移动主动圆锥齿轮调整啮合印痕，以移动从动圆锥齿轮调整啮合间隙；而对格利森齿轮的调整则无特殊的要求。

4. 磨合试验的目的与规范

经大修后的主减速器及差速器总成，为了改善各运动配合副的工作状况，扩大和改善配合副的实际接触面积，形成正常的工作面，通常需进行磨合试验。在近似使用条件下，检验主减速器、差速器的修理装配质量，主要从齿轮工作噪声、轴承发热、漏油等情况来判断。磨合中发现隐患应及时排除。

试验时，加注规定的润滑油进行运转试验，试验主轴转速一般为 1 400 ～ 1 500r/min，在此转速下，进行正转、反转、无负荷及有负荷试验，各项试验运转时间不少于 10min。试验过程中，各轴承区的温升不应大于 25℃，用手摸外壳各轴承处，不应有过热的感觉，并倾听有无异响（齿轮允许有均匀的啮合声，不允许有高低变化的响声和敲击声），观察各接合部位，不允许有漏油现象。运转总时间应根据检查中发现问题的具体情况而定，但最少应不低于 1.5h，带负荷运转一般不超过 15min。

进行负荷运转试验有两种形式，一种是将主减速器连同后桥一起装到车上进行，另一种是装到试验台上进行。在汽车上进行试验时，应先将后桥顶起，将变速器挂入相应传动轴转速为 1 400 ～ 1 500r/min 的挡位，将一面的制动蹄片与制动毂间隙适当调小，使齿轮和轴承都具有一定的负荷，在近似使用条件下检查主减速器、差速器的工作情况，同无负荷运转情况比较，当一边车轮制动时，差速器不得有敲击声或异常噪声。

在试验台上进行试验时，应按有关车型试验规范的规定施加制动力矩。

计 划

制订检查主减速器、差速器的工作计划，填入下表。

检查主减速器、差速器的工作计划		
序 号	工 作 步 骤	工具/辅具
1	检查	
2	拆解、检查、测量	
3	调试、安装	
4	检查安装情况	

作业过程

教师讲解演示的操作步骤和使用的器材	
1．操作步骤：	2．作业中使用的器材：
本组在实际操作中发现的问题和解决的方法	
1．发现的问题：	2．解决的方法：
本组在实际操作中总结的操作步骤和注意事项	

实 施

① 进行修理。

② 对维修服务工作进行记录，形成文件。

检 验

① 对检测结果进行评价。

② 就维修技术标准要求给客户提供咨询：

—— 修理措施

工作任务 12

差速器的检修与维护

导向

1. 工作任务

一辆后轮驱动的轿车后桥中段时有油污，请诊断出故障源并排除漏油问题。

2. 基础知识

1）差速器的作用

差速器的作用是将主减速器传来的动力传给左、右两半轴，并在必要时允许左、右半轴以不同转速旋转，以满足两侧驱动轮差速的需要。

2）差速器的类型

差速器按其工作特性可分为普通齿轮式差速器和防滑差速器两大类。

3）普通齿轮式差速器的构造及工作原理

普通齿轮式差速器有锥齿轮式和圆柱齿轮式两种。由于锥齿轮式差速器结构简单、紧凑，工作平稳，因此目前应用最为广泛。图 12-1 所示为行星锥齿轮差速器，它由四个行星锥齿轮、十字形行星锥齿轮轴、两个半轴锥齿轮、差速器壳 1 和差速器壳 2 及行星锥齿轮球面垫片和半轴锥齿轮推力垫片组成。主减速器第二级从动斜齿圆柱齿轮夹在两个差速器壳 1 和差速器壳 2 之间，用螺栓将它们紧固在一起。十字轴的四个轴颈嵌在两半差速器壳端面半圆槽所形成的孔中，四个行星齿轮分别松套在四个轴颈上。两个半轴齿轮分别与四个行星齿轮啮合，以其轴颈支承在差速器壳中，并以花键孔与半轴连接。行星齿轮背面和差速器壳相应位置的内表面均制成球面，以保证行星齿轮良好的对中性，使其与两个半轴齿轮能正确啮合。行星齿轮和半轴齿轮的背面与差速器壳之间装有行星锥齿轮球面垫片和半轴锥齿轮推力垫片，用以减轻摩擦面间的摩擦和磨损，提高差速器的使用寿命。使用中还可以通过更换垫片来调整齿轮的啮合间隙。十字轴的四个装配孔是左、右两半差速器壳装合后加工成形，装配时不应周向错位。差速器靠主减速器壳内的齿轮油来润滑，因此差速器壳上开有供润滑油进出的窗孔。为了保证行星齿轮与十字轴轴颈之间的润滑，在十字轴轴颈上铣有平面，并在行星齿轮的齿间钻有油孔与其中心孔相通。同样，半轴齿轮齿间也钻有油孔，与其背面相通，以加强背面与差速器壳之间的润滑。工作时，传至差速器壳的动力依次经十字轴、行星齿轮和半轴齿轮传给半轴，再由半轴传给驱动车轮。在中型以下的货车或轿车上，因传递的转矩较小，故可用两个行星齿轮，相应的行星齿轮轴为一根直轴。上海桑塔纳轿车差速器即采用这种结构，如图 12-2 所示。差速器壳为一整体框架结构，行星齿轮轴装入差速器壳后用止动销定位。半轴齿轮背面也制成球面，其背面的推力垫片与行星齿轮背面的推力垫片制成一个整体，称为复合式推力垫片。螺纹套用来紧固半轴齿轮。

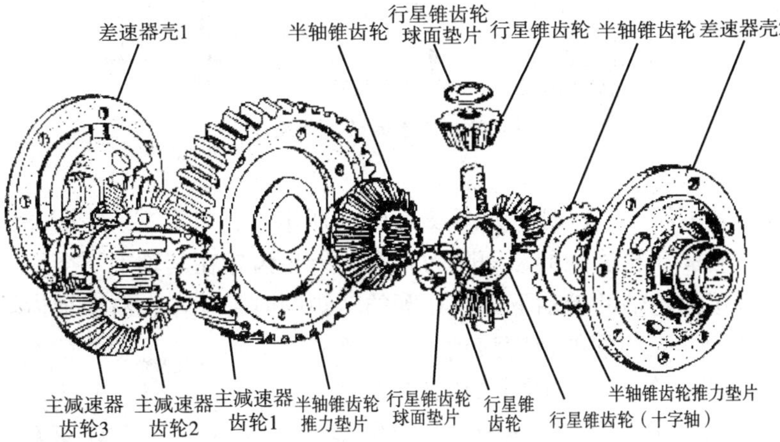

图12-1　行星锥齿轮差速器

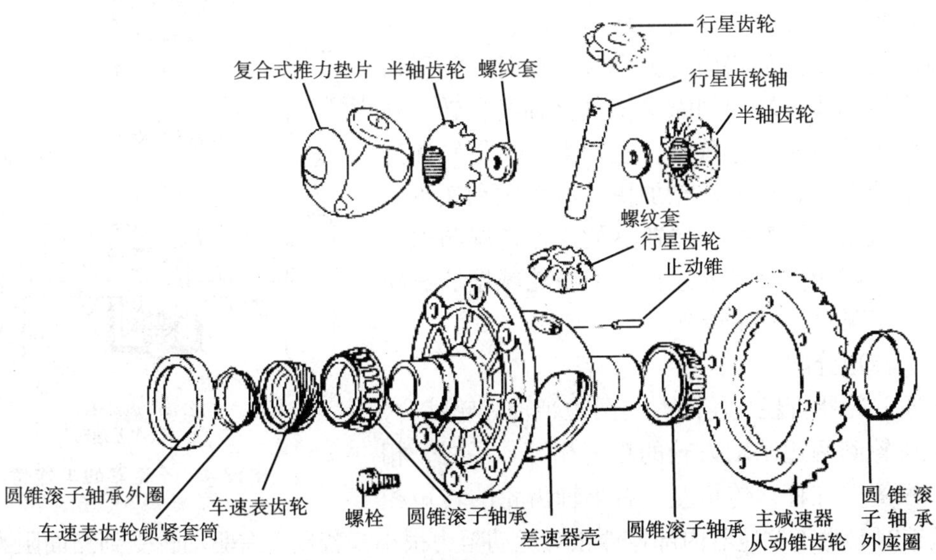

图12-2　上海桑塔纳轿车差速器

4）差速原理

如图12-3所示，当两个齿条与小齿轮啮合在一起举升时，如果左、右两侧的齿条重量相同，则左右齿条等距离举升；如果在左侧齿条上加一重物，再提起小齿轮，这时小齿轮发生自转，左侧齿轮提升高度为零，右侧齿条举升很高，这就是汽车差速器的工作原理。如果把图12-3中的重量看成路面阻力，把齿条换成半轴齿轮，小齿轮即为行星齿轮，拉力可视为发动机动力，这样就能很容易理解差速器的工作情况。

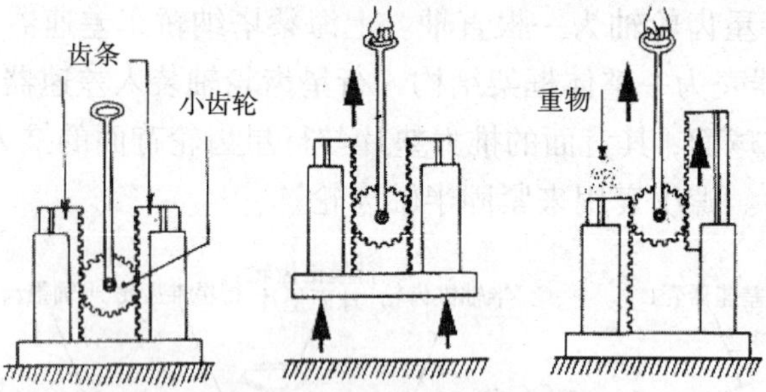

图12-3 差速器的工作原理

5）工作情况

汽车直线行驶不需要差速时［如图12-4（a）所示］，只要左、右驱动轮所处路面状况相同，则左、右驱动轮受到的路面阻力相等，行星齿轮在其轴上不会发生转动；而是在差速器壳、行星齿轮轴的带动下，以相等的转矩同时带动左、右半轴齿轮旋转，使左右驱动轮以与差速器壳相同的速度滚动，使汽车按直线方向行驶。当汽车右转弯时［如图12-4（b）所示］，道路要求右侧车轮应该滚慢些，左侧车轮应该滚快些，在差速器发生差速作用以前，右侧车轮有滑转趋势，即受到的路面阻力大些，左侧车轮有滑拖趋势，受到的路面阻力小些。这时，行星齿轮在绕半轴轴线公转的同时又绕自身轴线自转，从而使右侧半轴齿轮转速减慢，左侧半轴齿轮转速加快。结果使右轮减慢、左轮加快，汽车顺利实现右转弯。当汽车左转弯时，差速器的工作情况与汽车右转弯时正好相反，其差速作用使左轮减慢、右轮加快，汽车顺利进行左转弯。

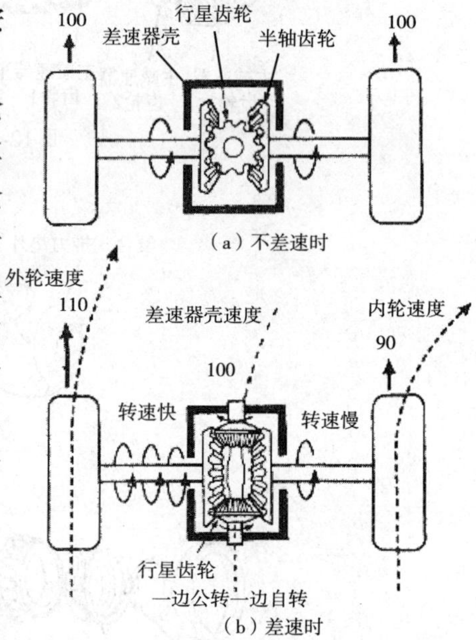

图12-4 差速器的工作情况

（1）转矩分配

普通差速器行星齿轮同时与两边半轴齿轮啮合，且行星齿轮到两边半轴齿轮的距离相等。平时，相当于一根等臂杠杆，传给左、右半轴齿轮的转矩相等。差速时，由于差速器内部零件相对运动阻力很小，若左、右驱动轮受到路面阻力稍有不同，差速器行星齿轮便会发生自转，实现差速。此时，差速器转矩基本上仍以同样大小

分配给左、右驱动轮。所以，普通差速器不管是否进行差速工作，转矩总是平均分配的，即

$$M_{左}=M_{右}=\frac{1}{2}M_{壳}$$

（2）打滑现象

根据普通差速器的转矩分配特性及其良好的差速性能，使汽车在良好道路上行驶时表现为很理想的工作特性。但在某些使用条件下却会产生副作用，如当一侧驱动轮处于坚硬的好路面上，而另一侧驱动轮处于泥污或冰雪路面上时，汽车往往无法继续前进。此时，在好路面上车轮静止不动，而在坏路面上车轮则原地滑转。因为坏路面上的附着力很小，差速器分配给此车轮的转矩很小；另一车轮所处路面附着力虽然很大，但由于普通差速器平分转矩的特性，所以分配给此车轮的转矩也同样很小，导致所获得的牵引力不足以克服行驶阻力，汽车不能前进。

6）防滑差速器

汽车上常用的防滑差速器有人工强制锁止式和自锁式两大类。前者通过驾驶员操纵差速锁，人为地将差速器暂时锁住，使差速器不起差速作用；后者是在汽车行驶过程中，根据路面情况自动改变驱动轮间的转矩分配。自锁式差速器又有摩擦片式、滑块凸轮式和托森式等多种结构形式。

下面仅介绍托森差速器的构造和工作原理。图12-5所示为全轮驱动的轿车前、后驱动桥之间采用的新型托森差速器。“托森”表示“转矩—灵敏”，它是一种轴间自锁差速器，装在变速器后端。转矩由变速器输出轴传给托森差速器，再由差速器直接分配给前驱动桥和后驱动桥。托森差速器由差速器壳、6个蜗轮、6根蜗轮轴、12个直齿圆柱齿轮及前、后轴蜗杆组成。当前、后驱动桥无转速差时，蜗轮绕自身轴自转。各蜗轮、蜗杆与差速器壳一起等速转动，差速器不起差速作用。当前、后驱动桥需要有转速差，如汽车转弯时，因前轮转弯半径大，差速器起差速作用。此时，蜗轮除公转传递动力外，还要自转。由于直齿圆柱齿轮的相互啮合，使前、后蜗轮自转方向相反，从而使前轴蜗杆转速增加，后轴蜗杆转速减小，实现差速。

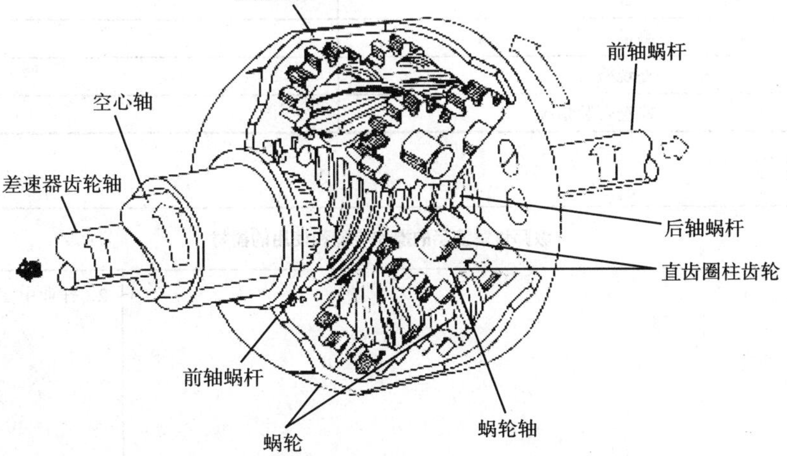

图12-5　全轮驱动轿车的托森差速器

托森差速器起差速作用时，由于蜗杆蜗轮啮合副之间的摩擦作用，转速较低的后驱动桥比转速较高的前驱动桥所分配到的转矩大。若后桥分配到的转矩大到一定程度而出现滑转时，则后桥转速升高一点，转矩又立刻重新分配给前桥一些，所以驱动力的分配可根据转弯的要求自动调节，使汽车转弯时具有良好的驾驶性。当前、后驱动桥中某一桥因附着力小而出现滑转时，差速器起作用，将转矩的大部分分配给附着力好的另一驱动桥（最大可达 3.5 倍），从而提高汽车通过坏路面的能力。

@信 息

1. 差速器检查

① 差速器壳产生裂纹，应更换。

② 差速器壳与行星齿轮、半轴齿轮垫片的接触面应光滑、无沟槽。若有小的沟槽可用砂纸打磨，并更换新半轴齿轮垫片。

③ 行星齿轮、半轴齿轮不得有裂纹，工作表面不得有明显斑点、脱落、缺损。

④ 差速器壳体与轴承、差速器壳与行星齿轮轴的配合应符合原厂规定。

2. 滚动轴承检查

① 轴承的钢球（或柱）和滚道上不得有伤痕、剥落、严重黑斑或烧损变色等缺陷，否则应更换。

② 轴承架不得有缺口、裂纹、铆钉松动或钢球（或柱）突出等现象，否则应更换。

计 划

制订检查差速器的工作计划，填入下表。

检查差速器的工作计划		
序 号	工 作 步 骤	工具/辅具
1	检查	
2	测量	
3	外观检查	
4	检查安装情况	

作业过程

教师讲解演示的操作步骤和使用的器材	
1. 操作步骤：	2. 作业中使用的器材：

续表

本组在实际操作中发现的问题和解决的方法	
1. 发现的问题：	2. 解决的方法：
本组在实际操作中总结的操作步骤和注意事项	

实 施

① 进行修理。

② 对维修服务工作进行记录，形成文件。

检 验

就维修标准要求给客户提供咨询：

—— 修理措施

展 示

哪些情况下会造成差速器齿轮的损毁？

____

____

____

工作任务13

主减速器和差速器的故障诊断

导向

工作任务

汽车起步、行驶中或突然改变车速时，在驱动桥部位有异常响声。随着汽车行驶工况的不同，驱动桥的异响也不同：汽车行驶时驱动桥发出较大响声，而当滑行或低速行驶时响声减弱，甚至消失；汽车行驶、滑行时驱动桥均发出较大的响声；汽车转弯行驶时驱动桥发出较大的声音，而直线行驶时响声明显减弱或消失；汽车起步或突然改变车速时驱动桥发出“铿”的一声。

信息

驱动桥的常见故障部位主要有行星齿轮与十字轴、轴承、花键、调整垫片、齿轮等。驱动桥的常见故障主要包括驱动桥异响、驱动桥过热和驱动桥漏油。

1. 驱动桥异响

（1）故障现象

驱动桥在汽车不同的行驶工况下发出非正常响声。

（2）故障主要原因及处理方法

造成驱动桥异响的根本原因是驱动桥的传动部件磨损松旷，调整不当或润滑不良，当承受较大的动载荷时，发出不正常的响声。具体原因及处理方法如下。

① 主减速器主、从动齿轮，行星齿轮和半轴齿轮等啮合间隙过大或过小，应予以调整。

② 半轴齿轮与半轴的花键配合、差速器壳与十字轴配合、行星齿轮孔与十字轴配合松旷，应予以调整。

③ 主、从动齿轮印痕不符合要求，应予以调整。

④ 主、从动齿轮，行星齿轮和半轴齿轮的齿面磨损严重，轮齿折断、变形或未成对更换，应予以更换。

⑤ 润滑油量不足、牌号不符、变质或有杂物，应更换正确的润滑油，并调整到规定高度。

⑥ 圆锥滚子轴承预紧度调整不当，应予以调整。

⑦ 驱动桥壳体、主动齿轮紧固螺母或从动齿轮连接螺钉松动，应予以紧固或更换等。

2. 驱动桥过热

（1）故障现象

汽车行驶一定里程后，用手触摸驱动桥壳中部，有无法忍受的烫手感觉。

（2）故障主要原因及处理方法

引起驱动桥过热的根本原因是驱动桥工作时摩擦阻力过大，具体原因及处理方法如下。

① 圆锥滚子轴承预紧度调整过大，应予以调整。

② 润滑油量不足、变质或牌号不符合要求，应更换正确的润滑油，并调整到规定高度。

③ 主减速器、差速器各齿轮的啮合间隙太小，应予以调整。

④ 止推垫片与主减速器背面间隙太小，应予以调整或更换等。

（3）故障诊断方法

按照过热部位的不同，结合图13-1所示驱动桥过热常见故障原因诊断流程找出故障。

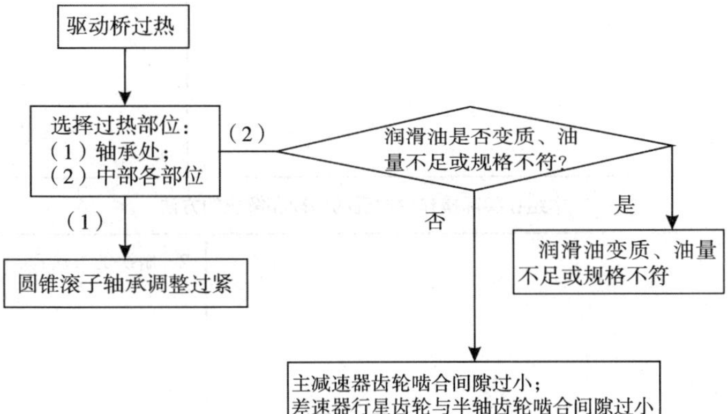

图13-1　驱动桥过热常见故障原因诊断流程

3. 驱动桥漏油

（1）故障现象

在驱动桥加油口螺塞、放油口螺塞、油封处或各接合面衬垫处，出现明显的漏油痕迹。

（2）故障主要原因及处理方法

造成驱动桥漏油的主要原因及处理方法如下。

① 油封安装位置不正确、装反或油封本身磨损、硬化、破裂，应予调整或更换。
② 结合面加工粗糙或变形，应予磨平。
③ 结合面密封垫片太薄、硬化或损坏，应予更换。
④ 结合面紧固螺钉松动，应予紧固或更换。
⑤ 通气孔堵塞或加油口、放油口螺塞松动，应予清洁、紧固或更换。
⑥ 桥壳有铸造缺陷或裂纹，应予焊补等。

计划

制订检查的工作计划，填入下表。

检查主减速器的差速器的工作计划		
序　号	工 作 步 骤	工具/辅具
1	检查	
2	外观检查	
3	测量、维修、调整	
4	检查安装情况	

作业过程

教师讲解演示的操作步骤和使用的器材	
1．操作步骤：	2．作业中使用的器材：
本组在实际操作中发现的问题和解决的方法	
1．发现的问题：	2．解决的方法：
本组在实际操作中总结的操作步骤和注意事项	

实 施

① 进行修理。

② 对维修服务工作进行记录，形成文件。

检 验

① 对检测结果进行评价。

② 就技术标准要求给客户提供咨询 :

—— 修理措施

展 示

复习与回顾本次任务中学到的知识和技能。

反侵权盗版声明

举报电话：（010）88254396；（010）88258888

传　　真：（010）88254397

E-mail:　　dbqq@phei.com.cn

通信地址：北京市海淀区万寿路173信箱

电子工业出版社总编办公室

邮　　编：100036